MUFFINS, CUPCAKES & CO.

König Berg

INHALTSVERZEICHNIS

MUFFINLIEBE

Die süßen Minikuchen passen einfach immer. Heizen Sie schon mal den Backofen vor, denn jetzt wird gebacken! Auf diese Muffins werden sich Groß und Klein garantiert stürzen …

KLASSIKER ZUM VERWÖHNEN

Blueberry-Muffins mit Vanilleguss

Frische, reife Beeren sind die Freude eines jeden Sommers. Hier werden die blauen Früchtchen mit einem sahnig-cremigen Guss getoppt, der ihr süßes Aroma voll unterstützt.

100 g Butter
200 g Mehl
2 geh. TL Backpulver
250 g Heidelbeeren
350 g Schmand
4 Päckchen Vanillezucker
2 Eier (M)
150 g Zucker
Außerdem:
12er-Muffinblech
12 Papierförmchen oder Butter für das Blech

Für 12 Stück
Zubereitung: 20 Min. | Backen: 25 – 30 Min.

1 Den Backofen auf 180° (Umluft 160°) vorheizen. Je ein Papierförmchen in die Vertiefungen des Muffinblechs setzen oder die Mulden fetten. Die Butter schmelzen, Mehl und Backpulver vermischen. Die Heidelbeeren verlesen, abbrausen und trocken tupfen. 150 g Schmand und Vanillezucker kräftig zu einem Guss verrühren.

2 Die Eier mit restlichem Schmand, Zucker und Butter verrühren. Die Mehlmischung zügig unterrühren, zwei Drittel der Heidelbeeren vorsichtig untermengen, damit die Beeren nicht aufplatzen.

3 Den Teig in die Blechvertiefungen füllen und die übrigen Beeren daraufstreuen. Die Muffins im Ofen (Mitte) ca. 10 Min. backen. Dann den Guss gleichmäßig darauf verteilen und die Muffins weitere 15 – 20 Min. backen. Dann herausnehmen, kurz abkühlen lassen und aus der Form lösen.

VARIANTE: BROMBEER-MUFFINS MIT STREUSELN
50 g Pekan-, Macadamia- oder Walnusskerne (gerne auch gemischt) fein hacken. 1 Bio-Zitrone heiß waschen und die Schale fein abreiben. 150 g Butter schmelzen, 2 EL abnehmen und mit den Nüssen, der Hälfte der Zitronenschale, 2 EL Mehl und 2 EL Zucker zu feinen Streuseln verarbeiten. Kühl stellen. 250 g Mehl, 2 geh. TL Backpulver und ½ TL Zimtpulver vermischen. 300 g Brombeeren verlesen, abbrausen und trocken tupfen. 2 Eier (M) mit 200 g Crème fraîche, Schmand oder saurer Sahne, 150 g Zucker, der restlichen Zitronenschale und der übrigen Butter verrühren, die Mehlmischung zügig unterrühren. Dann vorsichtig die Beeren untermengen, damit sie nicht aufplatzen. Den Teig in das vorbereitete Blech füllen, die Nussstreusel darüber verteilen. Muffins im vorgeheizten Ofen (Mitte) 25 – 30 Min. backen.

AUSTAUSCHTIPP
Die frischen Heidelbeeren oder Brombeeren können Sie jederzeit durch tiefgekühlte ersetzen: einfach unaufgetaut unter den Teig mischen (die Muffins dann ca. 5 Min. länger backen). Von Beeren aus dem Glas aber besser die Finger lassen, sie haben zu wenig Aroma. Sehr fein werden die Muffins aber auch mit Sauerkirschen, Himbeeren oder einer Beerenmischung.

Cranberry-Muffins

200 g Mehl
1 TL Backpulver
Salz
40 g Zucker
25 g Butter
100 ml Milch
2 Eier (M)
100 g Cranberrys
Außerdem:
12er-Muffinblech
12 Papierförmchen für das Blech

Für 12 Stück
Zubereitung: 15 Min. | Backen: ca. 20 Min.

1 In jede Mulde der Muffinform je 1 Papierförmchen setzen. Das Mehl, das Backpulver, 1 Prise Salz und den Zucker in einer Rührschüssel mischen.

2 Den Backofen auf 180° (Umluft 160°) vorheizen. Die Butter schmelzen. Butter, Milch und Eier zum Mehl geben. Alle Zutaten vorsichtig, aber gründlich mit dem Schneebesen verrühren. Die Cranberrys waschen, auf Küchenpapier kurz abtropfen lassen und unter den Teig heben.

3 Den Teig in die Papierförmchen füllen. Die Muffins im Backofen (Mitte) 15 – 20 Min. goldbraun backen. Fertige Muffins in der Form ca. 5 Min. abkühlen lassen, dann auf ein Kuchengitter legen und vollständig auskühlen lassen.

Himbeer-Kokos-Muffins

230 g Himbeeren (frisch oder TK)
140 g weiche Butter
120 g Zucker
2 Eier (M)
280 g Mehl
1 Päckchen Backpulver
¼ l Milch
100 g Kokosraspel
15 Kokos-Mandel-Pralinen (z. B. Raffaello)
Außerdem:
12er-Muffinblech
12 Papierförmchen für das Blech

Für 12 Stück
Zubereitung: 15 Min. | Backen: 20 Min.

1 Falls Sie TK-Himbeeren verwenden, tauen Sie diese vorher in einem Sieb auf, sodass der Saft abfließen kann.

2 In jede Mulde der Muffinform je 1 Papierförmchen setzen. Backofen auf 180° (Umluft 160°) vorheizen.

3 Die Butter mit dem Zucker und den Eiern schaumig schlagen. Mehl und Backpulver mischen und im Wechsel mit der Milch unter den Teig rühren. Die Kokosraspel unterheben. Die Pralinen mit einer Gabel leicht zerdrücken, zum Teig geben und diesen mit dem Stabmixer kurz durchpürieren. Zum Schluss die Himbeeren unterheben.

4 Den Teig in die Papierförmchen füllen und die Muffins im Backofen (Mitte) 15 – 20 Min. backen. Die fertigen Muffins in der Form ca. 5 Min. abkühlen lassen, dann auf ein Kuchengitter legen und vollständig auskühlen lassen.

oben: Cranberry-Muffins | unten: Himbeer-Kokos-Muffins

EIN ECHTER GEHEIMTIPP

Geschichtete Ricotta-Mango-Muffins

Käsekuchen einmal anders: Italienischer Frischkäse kombiniert mit exotischer Mango krönt einen herrlich buttrigen Rührteig. Wer kann da widerstehen?

200 g Ricotta
120 g Zucker
3 Eier (M)
1 kleine Mango (ca. 400 g)
75 g Butter
100 g Mehl
1 geh. TL Backpulver
100 g Crème fraîche, Schmand oder saure Sahne
Puderzucker zum Bestäuben
Außerdem:
12er-Muffinblech
12 Papierförmchen für das Blech

Für 12 Stück
Zubereitung: 20 Min. | Backen: 25 Min.

1 Den Ricotta mit 50 g Zucker und 2 Eiern verrühren. Die Mango schälen und das Fruchtfleisch vom Kern schneiden, etwa 1 cm groß würfeln und unter die Ricottacreme mengen.

2 Den Backofen auf 180° (Umluft 160°) vorheizen. Je ein Papierförmchen in die Vertiefungen des Muffinblechs setzen. Die Butter schmelzen, Mehl und Backpulver vermischen.

3 Restliches Ei mit Crème fraîche, Schmand oder saurer Sahne, übrigem Zucker und der Butter verrühren. Die Mehlmischung zügig unterrühren.

4 Den Teig in die Blechvertiefungen füllen, möglichst glatt streichen. Die Ricotta-Mango-Masse gleichmäßig darauf verteilen. Die Muffins im Ofen (Mitte) 20 – 25 Min. backen. Dann herausnehmen, kurz abkühlen lassen und aus der Form lösen. Kurz vor dem Servieren mit Puderzucker bestäuben.

VARIANTE: RICOTTA-ANANAS-MUFFINS

1 Dose Ananasstücke (ca. 350 g Abtropfgewicht) in einem Sieb abtropfen lassen, dabei den Saft auffangen. Die Ananasstücke etwas kleiner schneiden. 150 g Butter schmelzen und 250 g Mehl mit 2 geh. TL Backpulver mischen. 2 Eier (M), 250 g Ricotta, 100 g Zucker, 1 Päckchen Vanillezucker, 3 – 4 EL Ananassaft und die Butter verrühren. Die Mehlmischung zügig unterrühren, die Ananasstücke untermengen. Den Teig in die vorbereiteten Blechvertiefungen füllen und die Muffins wie beschrieben backen.

AUSTAUSCHTIPP

Genauso fein schmecken die fruchtigen Muffins, wenn Sie sie statt mit Ricotta mit Magerquark oder Frischkäse zubereiten. Außerdem die Mango mal durch 350 g Aprikosen, Nektarinen oder auch Stachelbeeren ersetzen, die Dosen-Ananas durch die gleiche Menge Mirabellen oder Zwetschgen (aus dem Glas).

SERVIERTIPP

Wenn Gäste kommen, Teig und Ricotta-Mango-Masse in gebutterte, hitzebeständige Gläschen schichten und darin backen. Lauwarm abkühlen lassen und servieren. Jeder löffelt dann seinen Muffin aus dem Glas.

FÜR DEN HERBST

Quitten-Muffins mit Walnusskruste

Bereits beim ersten Bissen ist klar: Diese Muffins sind ein Gedicht! Knusprige Walnüsse und leicht säuerliche Quitten werden zum Traumpaar der Saison.

3 Quitten (ca. 600 g, ersatzweise festfleischige Äpfel oder Birnen)
150 ml Apfel- oder Birnensaft
4 EL Calvados (ersatzweise Apfel- oder Birnensaft)
1 Päckchen Vanillezucker
150 g Zucker
80 g Butter
200 g Mehl
2 geh. TL Backpulver
80 g Walnüsse
2 EL Puderzucker
2 Eier (M)
200 g Crème fraîche, Schmand oder saure Sahne
Außerdem:
12er-Muffinblech
12 Papierförmchen oder Butter für das Blech

Für 12 Stück
Zubereitung: 35 Min. | Backen: 25 Min.

1 Den Flaum der Quitten mit Küchenpapier abreiben. Früchte schälen, vierteln, entkernen und in 1 cm dicke Spalten schneiden. Apfel- oder Birnensaft, Calvados, Vanillezucker und 50 g Zucker in einem Topf aufkochen. Quitten dazugeben und im geschlossenen Topf 5 Min. bei mittlerer Hitze kochen lassen. Vom Herd nehmen, abkühlen und ziehen lassen.

2 Den Backofen auf 180° (Umluft 160°) vorheizen. Je ein Papierförmchen in die Vertiefungen des Muffinblechs setzen oder die Mulden fetten. Die Butter schmelzen, Mehl und Backpulver vermischen. Die Quitten in einem Sieb abtropfen lassen. Walnüsse fein hacken und mit dem Puderzucker mischen.

3 Die Eier mit Crème fraîche, Schmand oder saurer Sahne, übrigem Zucker und Butter verrühren. Die Mehlmischung zügig unterrühren.

4 Den Teig in die Blechvertiefungen füllen, Quittenspalten längs tief hineindrücken. Nüsse aufstreuen und nur leicht in den Teig drücken. Die Muffins im Ofen (Mitte) 20 Min. backen. Dann den Backofengrill zuschalten (oder den Ofen auf höchste Stufe stellen) und die Muffins weitere 4–5 Min. backen, bis die Nüsse karamellisiert sind. Herausnehmen, kurz abkühlen lassen, aus der Form lösen.

DEKOTIPP

Besonders dekorativ: Muffins mit einem zarten Karamellgespinst. Dafür ca. 200 g Zucker dünn in einen Topf streuen und bei mittlerer Hitze schmelzen und goldbraun werden lassen. Vom Herd nehmen und ab und zu mit einer Gabel rühren, bis der Karamell beginnt, etwas fester zu werden. Dann die Gabel sofort eintunken und den Karamell über einem Muffin ablaufen lassen. Dabei die Gabel immer kreisen lassen und feine Fäden spinnen. Falls der Karamell zu fest wird, einfach wieder kurz auf die Herdplatte setzen. Alle Muffins so verzieren.

Ananas-Süßkartoffel-Muffins mit Gewürzen

Diese Muffins werden ganz ohne Mehl zubereitet. Wenn Sie Süßkartoffeln nicht mögen, können Sie stattdessen auch mehlige Kartoffeln verwenden.

Für den Teig:
300 g Süßkartoffeln
1 kleine Dose Ananasstücke (310 g Abtropfgewicht)
¼ TL Meersalz
¼ TL gemahlene Muskatblüten
4 EL gemahlener Palmzucker
100 g Mehl
2 TL Backpulver
80 ml Rapsöl
2 Eier (M)
Für die Garnitur:
100 g Joghurt
4 – 5 Minzeblättchen
2 EL (Roh-)Rohrzucker
Außerdem:
12er-Muffinblech
12 Papierförmchen oder Öl für das Blech

Für 12 Stück
Zubereitung: 20 Min.
Kochen: 15 Min. | Backen: 25 Min.

1 Für den Teig Süßkartoffeln schälen und in kleine Würfel schneiden. Mit Ananasstücken und -saft in einen Topf geben und aufkochen. Meersalz, Muskat und Palmzucker dazugeben und alles 12 – 15 Min. bei mittlerer Hitze kochen lassen, bis die Kartoffeln weich sind. Dann in einem Mixer oder mit einem Pürierstab fein zerkleinern.

2 Den Backofen auf 180° (Umluft 160°) vorheizen. Die Mulden des Muffinblechs einfetten oder Papierförmchen hineinsetzen.

3 Das Mehl mit dem Backpulver vermischen. Das Öl mit Eiern und dem Ananas-Kartoffel-Püree mit den Quirlen des Handrührgeräts glatt verrühren, die Mehlmischung zügig unterrühren. Den Teig in die Blechmulden füllen. Im heißen Ofen (Mitte) 20 – 25 Min. backen. Das Blech aus dem Ofen nehmen und die Muffins darin auf einem Kuchengitter kurz abkühlen lassen, dann herauslösen und auskühlen lassen.

4 Für die Garnitur Joghurt glatt rühren. Minzeblättchen in grobe Streifen schneiden und mit dem Rohrzucker in einem Mörser fein zerstoßen. Je 1 Klecks Joghurt auf die Muffins geben, mit Minzezucker bestreuen.

oben: Nussmix-Muffins | unten: Zitronen-Mandel-Muffins

FEIN NUSSIG

Nussmix-Muffins

150 g Butter
250 g Mehl
2 geh. TL Backpulver
250 g gemischte Nüsse (z. B. Walnüsse, Paranüsse, Macadamianüsse, Haselnüsse, Mandeln, Cashewkerne)
2 Eier (M)
200 g Crème fraîche, Schmand oder saure Sahne
150 g Zucker
Außerdem:
12er-Muffinblech
12 Papierförmchen oder Butter für das Blech

Für 12 Stück
Zubereitung: 20 Min. | Backen: 25 Min.

1 Backofen auf 180° (Umluft 160°) vorheizen. Je ein Papierförmchen in die Vertiefungen des Muffinblechs setzen oder die Mulden fetten. Die Butter schmelzen, Mehl und Backpulver vermischen. Die Nüsse sehr grob hacken.

2 Die Eier mit Crème fraîche, Schmand oder saurer Sahne, Zucker und Butter verrühren. Mehlmischung zügig unterrühren, die Nüsse untermengen.

3 Den Teig in die Blechvertiefungen füllen. Die Muffins im heißen Ofen (Mitte) 20 – 25 Min. backen. Dann herausnehmen, kurz abkühlen lassen und aus der Form lösen.

DEKOTIPP
Wer mag, dekoriert die Muffins vor dem Backen noch mit ganzen Nusskernen: einfach leicht in den Teig drücken.

Zitronen-Mandel-Muffins

1 Bio-Zitrone
150 g Butter
150 g Zucker
50 g Honig
100 g Mandelblättchen
100 g Mehl
150 g gemahlene Mandeln
2 TL Backpulver
2 Eier (M)
200 g Crème fraîche, Schmand oder saure Sahne
Außerdem:
12er-Muffinblech
12 Papierförmchen oder Butter für das Blech

Für 12 Stück
Zubereitung: 25 Min. | Backen: 25 Min.

1 Die Zitrone heiß waschen und die Schale fein abreiben, Saft auspressen. 50 g Butter, 50 g Zucker und den Honig in einem kleinen Topf erwärmen und bei mittlerer Hitze ca. 1 Min. kochen. Vom Herd nehmen, Mandelblättchen, je die Hälfte des Zitronensafts und der Zitronenschale untermischen.

2 Den Backofen auf 180° (Umluft 160°) vorheizen. Je ein Papierförmchen in die Vertiefungen des Muffinblechs setzen oder die Mulden fetten. Übrige Butter schmelzen, Mehl, gemahlene Mandeln und Backpulver vermischen.

3 Die Eier mit Crème fraîche, Schmand oder saurer Sahne, restlichem Zucker und Zitronensaft, übriger Zitronenschale und der Butter verrühren. Die Mehlmischung zügig unterrühren.

4 Den Teig in die Blechvertiefungen füllen, die Karamell-Mandelblättchen darauf verteilen. Muffins im Ofen (Mitte) 20 – 25 Min. backen. Dann herausnehmen, kurz abkühlen lassen, aus der Form lösen.

Getränkte Limetten-Muffins

Einmal probiert, für immer verführt – das leicht säuerliche und fruchtige Aroma dieser Muffins möchte bald keiner mehr missen. Besonders fein dazu: eine Kugel Vanilleeis.

150 g Butter
250 g Mehl
2 geh. TL Backpulver
6 Bio-Limetten
2 Eier (M)
200 g Crème fraîche, Schmand oder saure Sahne
250 g Zucker
Außerdem:
12er-Muffinblech
Butter für das Blech

Für 12 Stück
Zubereitung: 20 Min. | Backen: 25 Min.

1 Den Backofen auf 180° (Umluft 160°) vorheizen. Die Mulden des Muffinblechs fetten. Butter schmelzen, Mehl und Backpulver mischen. Limetten heiß waschen, von 4 Stück die Schale fein abreiben.

2 Die Eier mit Crème fraîche, Schmand oder saurer Sahne, 100 g Zucker, Limettenschale und Butter verrühren. Die Mehlmischung zügig unterrühren. Den Teig in die Blechvertiefungen füllen. Muffins im Ofen (Mitte) 20 – 25 Min. backen.

3 Inzwischen den Saft aller Limetten auspressen (es sollten ca. 150 ml sein, eventuell mit Wasser auffüllen). Limettensaft in einem Topf mit übrigem Zucker vermischen und erhitzen. Ca. 10 Min. bei starker bis mittlerer Hitze goldgelb und leicht sirupartig einkochen (Bild 1).

4 Das Blech aus dem Ofen nehmen und die Muffins sofort mit einem Holzstäbchen mehrmals einstechen und mit dem Limettensirup beträufeln (Bild 2). Muffins im Blech lauwarm abkühlen und mit Sirup vollsaugen lassen. Die Muffins aus der Form lösen und sofort servieren.

VARIANTE: GEZUCKERTE LIMETTEN-MUFFINS

250 g Mehl mit 2 geh. TL Backpulver mischen. 100 g Butter schmelzen. 4 Bio-Limetten heiß waschen und die Schale fein abreiben, den Saft auspressen (es sollten 100 ml sein, eventuell mit Wasser auffüllen). 2 Eier (M) mit 100 g Crème fraîche, 150 g Zucker, Limettensaft, der Hälfte der Limettenschale und der Butter verrühren. Die Mehlmischung zügig unterrühren. Den Teig in die vorbereiteten Blechvertiefungen füllen und wie beschrieben backen. Inzwischen die übrige Limettenschale mit 4 Päckchen Vanillezucker in einen Mörser geben und mit dem Stößel fein zerreiben. Dann die Muffins aus dem Ofen nehmen, sofort mit ein wenig Wasser bepinseln (noch besser mit Limettensaft, falls etwas übrig geblieben ist) und mit dem Limettenzucker bestreuen. Abkühlen lassen und aus der Form lösen.

DEKOTIPP

Richtig extravagant sehen die Muffins aus, wenn sie ein kleines Zitronatgitter aufgesetzt bekommen. Dafür ein möglichst längliches Stück Zitronat (ca. 100 g) in lange, hauchfeine Streifen schneiden. Daraus für jeden Muffin ein Gitter »weben«, in feinstem Zucker wenden und auf das Gebäck setzen.

2

SCHNELL FERTIG

Kiwi-Muffins

3 Kiwis
1 Msp. Zimtpulver
30 g Kokosraspel
1 Ei (M)
ca. 250 g Joghurt
80 ml Rapsöl
120 g Zucker
1 TL Vanillezucker
240 g fein gemahlene Hirse
1 ½ TL Backpulver
Außerdem:
12er-Muffinblech
12 Papierförmchen für das Blech
Puderzucker zum Bestäuben

Für 12 Stück
Zubereitung: 25 Min. | Backen: 25 Min.

1 In die Vertiefungen der Form die Papierförmchen setzen. Den Backofen auf 200° (Umluft) vorheizen. Kiwis schälen. Den harten Strunk entfernen und das Fruchtfleisch klein würfeln. Die Kiwiwürfel in einem Schälchen mit 1 Msp. Zimt und den Kokosraspel vermischen.

2 Eine Schüssel auf die Waage stellen, das Ei hineinschlagen und mit dem Joghurt auf 300 g auffüllen. Rapsöl, Zucker und Vanillezucker hinzufügen und mit einem Schneebesen so lange unterschlagen, bis sich der Zucker gelöst hat.

3 Hirsemehl mit Backpulver mischen, mit einem Kochlöffel kurz unter die Ei-Joghurt-Masse rühren und die Kiwiwürfel unter den Teig heben. Den Teig in die Papierförmchen füllen. Muffins im heißen Ofen (Mitte) ca. 25 Min. backen, dann ca. 5 Min. in der Form ruhen lassen. Herausnehmen und die ausgekühlten Muffins mit Puderzucker bestäuben.

Zitronen-Joghurt-Muffins

2 Bio-Zitronen
3 Eier (M)
ca. 200 g + 1 TL Joghurt
120 g Zucker
100 ml Rapsöl
150 g fein gemahlene Hirse
1 ½ TL Backpulver
50 g Puderzucker
Außerdem:
12er-Muffinblech
12 Papierförmchen für das Blech

Für 12 Stück
Zubereitung: 25 Min. | Backen: 20 Min.

1 In die Vertiefungen der Form die Papierförmchen setzen. Zitronen heiß waschen und die Schale abreiben. Den Saft von 1 Zitrone auspressen. Den Backofen auf 200° (Umluft) vorheizen.

2 Eine Schüssel auf die Waage stellen, die Eier hineinschlagen und mit ca. 200 g Joghurt auf 350 g auffüllen. Zucker, Öl, 30 ml Zitronensaft und bis auf 2 TL auch die Zitronenschale mit einem Schneebesen unter die Eier-Joghurt-Mischung rühren.

3 Das Hirsemehl mit Backpulver mischen und mit einem Kochlöffel rasch unter die Joghurt-Ei-Masse rühren. Den Teig in die Papierförmchen füllen. Muffins im heißen Backofen (Mitte) ca. 20 Min. backen, dann ca. 5 Min. in der Form ruhen lassen. Herausnehmen und auf einem Gitter auskühlen lassen.

4 1 Hälfte der restlichen Zitrone auspressen. Aus Puderzucker, restlichem Joghurt und 2 TL Zitronensaft einen dickflüssigen Guss anrühren. Muffins damit bestreichen, mit der restlichen Zitronenschale garnieren.

links: Kiwi-Muffins | rechts: Zitronen-Joghurt-Muffins

AROMATISCH

Orangen-Pfeffer-Muffins

125 g Mehl
125 g Vollkornmehl
2 TL Backpulver
1 Prise Salz
2 EL gemahlene Mandeln
je ½ TL gemahlener schwarzer und weißer Pfeffer
1 Bio-Orange
2 Eier (L)
110 g (Roh-)Rohrzucker
100 ml Rapsöl
150 g Buttermilch
1 TL geschroteter weißer oder schwarzer Pfeffer
½ TL Zimtpulver
Außerdem:
12er-Muffinblech
12 Papierförmchen oder Öl für das Blech

Für 12 Stück
Zubereitung: 35 Min. | Backen: 25 Min.

1 Den Backofen auf 180° (Umluft 160°) vorheizen. Die Mulden des Muffinblechs einfetten oder Papierförmchen hineinsetzen.

2 Beide Mehlsorten mit dem Backpulver, Salz, den Mandeln und dem gemahlenen Pfeffer vermischen. Die Orange heiß waschen und abtrocknen, die Schale fein abreiben und 1 TL abgedeckt für später beiseitestellen. Den Saft der Orange auspressen.

3 Eier, 100 g Rohrzucker, Rapsöl, Buttermilch, Orangenschale und -saft mit den Quirlen des Handrührgeräts dickcremig verrühren. Die Mehlmischung zügig unterrühren. Den Teig in die Blechmulden füllen und im Ofen (Mitte) 20 – 25 Min. backen.

4 Inzwischen den geschroteten Pfeffer, die beiseitegestellte Orangenschale, den Zimt und den übrigen Zucker vermischen. Zucker-Mix nach 10 Min. Backzeit auf die Muffins streuen.

5 Das Blech aus dem Ofen nehmen und die Muffins darin auf einem Kuchengitter kurz abkühlen lassen, dann herauslösen und auskühlen lassen.

SCHOKOLADIG LECKER

Kardamom-Schoko-Muffins

150 g Zartbitterschokolade
100 ml Rapsöl
2 Eier (L)
120 g (Roh-)Rohrzucker
200 ml Milch
125 g Mehl
125 g Vollkornmehl
2 TL Backpulver
2 EL Kakaopulver
1 Prise Salz
2 TL gemahlener Kardamom
Puderzucker zum Bestäuben
Außerdem:
12er-Muffinblech
12 Papierförmchen oder Öl für das Blech

Für 12 Stück
Zubereitung: 30 Min. | Backen: 25 Min.

1 Schokolade fein hacken, die Hälfte davon beiseitestellen. Den Rest mit dem Öl in einem kleinen Topf bei geringer Hitze unter Rühren schmelzen lassen.

2 Den Backofen auf 180° (Umluft 160°) vorheizen. Die Mulden des Muffinblechs einfetten oder Papierförmchen hineinsetzen. Die Eier, den Rohrzucker und die Milch mit den Quirlen des Handrührgeräts gründlich verrühren.

3 Beide Mehlsorten mit dem Backpulver, dem Kakaopulver, Salz und dem Kardamom vermischen. Die Eiermilch und die geschmolzene und gehackte Schokolade mit einem Kochlöffel nach und nach unter die Mehlmischung rühren, bis ein glatter Teig entstanden ist.

4 Den Teig in die Blechmulden füllen und im Ofen (Mitte) 20 – 25 Min. backen. Das Blech aus dem Ofen nehmen und die Muffins darin auf einem Kuchengitter kurz abkühlen lassen, dann herauslösen und auskühlen lassen. Vor dem Servieren fein mit Puderzucker bestäuben (wer möchte, kann dabei jeweils 3 Kardamomkapseln als Schablonen auflegen).

oben: Schwarz-Weiß-Muffins| unten: Espresso-Muffins

Schwarz-Weiß-Muffins

150 g Butter
250 g Mehl
2 geh. TL Backpulver
150 g Zartbitterschokolade
2 Eier (M)
200 g Crème fraîche, Schmand oder saure Sahne
150 g Zucker
Außerdem:
12er-Muffinblech
12 Papierförmchen oder Butter für das Blech

Für 12 Stück
Zubereitung: 20 Min. | Backen: 25 Min.

1 Den Backofen auf 180° (Umluft 160°) vorheizen. Je ein Papierförmchen in die Vertiefungen des Blechs setzen oder die Mulden fetten. Die Butter schmelzen, Mehl und Backpulver vermischen. Die Schokolade hacken und bei schwacher Hitze über dem Wasserbad schmelzen.

2 Die Eier mit Crème fraîche, Schmand oder saurer Sahne, Zucker und Butter verrühren. Mehlmischung zügig unterrühren. Den Teig halbieren und unter eine Hälfte die Schokolade mengen.

3 Den hellen und den dunklen Teig abwechselnd mit einem Teelöffel in die Blechvertiefungen füllen. Die Muffins im Ofen (Mitte) 20 – 25 Min. backen. Dann herausnehmen, kurz abkühlen lassen und aus der Form lösen.

TIPP
Richtig schokosatt werden die Muffins, wenn Sie noch 100 g grob gehackte Zartbitterschokolade unter den dunklen Teig rühren. Oder die gleiche Menge weiße Schokoladenstückchen unter den hellen Teig mischen.

Espresso-Muffins

150 g Butter
250 g Mehl
2 geh. TL Backpulver
2 EL Kaffeebohnen
2 Eier (M)
200 g Crème fraîche, Schmand oder saure Sahne
100 g Zucker
1 Päckchen Vanillezucker
4 geh. TL Instant-Espresso
Außerdem:
12er-Muffinblech
12 Papierförmchen oder Butter für das Blech

Für 12 Stück
Zubereitung: 20 Min. | Backen: 25 Min.

1 Den Backofen auf 180° (Umluft 160°) vorheizen. Je ein Papierförmchen in die Vertiefungen des Muffinblechs setzen oder die Mulden fetten. Die Butter schmelzen, Mehl und Backpulver vermischen. Die Kaffeebohnen im Mörser fein zerstoßen.

2 Die Eier mit Crème fraîche, Schmand oder saurer Sahne, Zucker, Vanillezucker, Espresso-Pulver, der Butter und den Kaffeebohnen verrühren. Die Mehlmischung zügig unterrühren.

3 Den Teig in die Blechvertiefungen füllen. Die Muffins im Ofen (Mitte) 20 – 25 Min. backen. Dann herausnehmen, kurz abkühlen lassen und aus der Form lösen.

DEKOTIPP
1 TL Instant-Espresso, 2 – 3 EL Orangensaft oder Kaffeelikör und 50 g Puderzucker verrühren und die Muffins dünn damit bepinseln. Mit 50 g geschmolzener Zartbitterschokolade wie auf dem Bild in dünnen Linien graffitiartig verzieren. Trocknen lassen.

BLÜTEN-
ZAUBER

Zarte Lavendel-Muffins

Augen schließen und von den Lavendelfeldern aus dem letzten Provence-Urlaub träumen. Oder sich Duft und Geschmack gleich nach Hause holen – mit diesen Muffins geht's.

2 EL getrocknete Lavendelblüten (siehe Einkaufstipp)
100 g Sahne
150 g Butter
250 g Mehl
2 geh. TL Backpulver
2 Eier (M)
100 g Crème fraîche, Schmand oder saure Sahne
150 g Zucker
1 Päckchen Vanillezucker
Außerdem:
12er-Muffinblech
12 Papierförmchen oder Butter für das Blech

Für 12 Stück
Zubereitung: 20 Min.
Ziehen: 12 Std. | Backen: 25 Min.

1 Die Lavendelblüten und die Sahne in einem kleinen Topf einmal aufkochen. Vom Herd nehmen, abkühlen und abgedeckt mindestens 12 Std. (am besten über Nacht) ziehen und Lavendelaroma annehmen lassen. Am nächsten Tag die Sahne durch ein feines Sieb gießen und auffangen, dabei die Blüten gut ausdrücken.

2 Den Backofen auf 180° (Umluft 160°) vorheizen. Je ein Papierförmchen in die Vertiefungen des Muffinblechs setzen oder die Mulden fetten. Die Butter schmelzen, Mehl und Backpulver vermischen.

3 Die Eier mit Crème fraîche, Schmand oder saurer Sahne, Zucker, Vanillezucker, der Lavendelsahne und der Butter verrühren. Die Mehlmischung zügig unterrühren.

4 Den Teig in die Blechvertiefungen füllen. Die Muffins im Ofen (Mitte) 20 – 25 Min. backen. Dann herausnehmen, kurz abkühlen lassen und aus der Form lösen.

DEKOTIPP
Unbedingt probieren: die Muffins wie auf dem Foto mit einem Lavendelguss krönen! Dafür etwas mehr Sahne (noch 50 g zugeben) mit den Lavendelblüten aufkochen und ziehen lassen. Sahne wie beschrieben abgießen und auffangen. 4 – 5 EL abnehmen und mit 80 g Puderzucker glatt verrühren, gut abdecken. Mit der übrigen Lavendelsahne den Teig wie beschrieben zubereiten und backen. Die abgekühlten Muffins mit dem Guss beträufeln oder bepinseln und mit Zuckerkügelchen in Weiß, Rosa, Pink, Lila oder Gold bestreuen.

EINKAUFSTIPP
Getrocknete Lavendelblüten können Sie nicht nur im Kräuterladen und in der Apotheke kaufen, auch übers Internet sind die kleinen lila-blauen Blüten mit dem einzigartigen Aroma zu bekommen.

FÜR KLEINE GARTENFANS

Blumentopf-Muffins

Perfekt für Kindergeburtstage: Diese Muffins sind nicht nur lecker, sondern sehen auch zum Anbeißen gut aus. Kleine Backfreunde können sich hier beim Verzieren so richtig austoben.

1 kleine Dose Ananas (ca. 260 g Abtropfgewicht)
120 g weiche Butter
150 g Zucker
200 g Joghurt
2 Eier (M)
350 g Mehl
2 TL Backpulver
1 Päckchen Vanillezucker
1 TL abgeriebene Bio-Zitronenschale
100 g gehackte Mandeln
200 g Puderzucker
1 Eiweiß (M)
grüne Speisefarbe
ca. 30 Zuckerblümchen (Fertigprodukt)
30 Mandelstifte
Außerdem:
12er-Muffinblech
24 Papierförmchen

Für 12 Stück
Zubereitung: 45 Min. | Backen: 25 Min.

1 Die Ananas gut abtropfen lassen, den Saft auffangen. Ananas in Stückchen schneiden. Die Butter cremig rühren, Zucker zufügen und gut unterrühren. Joghurt und Eier untermischen. Mehl, Backpulver, Vanillezucker und Zitronenschale vermischen, rasch unter die Buttermischung rühren. Mandeln und Ananas unterheben.

2 Den Backofen auf 200° (Umluft 180°) vorheizen. Die Mulden des Muffinblechs mit je zwei Papierförmchen auslegen. Teig einfüllen. Im Ofen (2. Schiene von unten) 25 Min. backen. Die Muffins nach 5 Min. Abkühlen samt Papiermanschette aus der Form lösen und ganz abkühlen lassen.

3 Puderzucker mit Eiweiß und 1–2 EL Ananassaft sowie grüner Speisefarbe zu einem Guss verrühren. Auf die Muffins streichen, mit Zuckerblümchen verzieren und für Kakteen mit Mandelstiften spicken.

Christstollen-Muffins

100 g Mandeln
150 g Rosinen
je 50 g Zitronat und Orangeat
1 TL Bittermandelaroma
60 ml Rum
200 g Mehl
½ Würfel frische Hefe (ca. 20 g)
100 g Puderzucker
2 Eier (M)
200 g weiche Butter
Außerdem:
12er-Muffinblech
12 Papierförmchen oder Butter für das Blech

Für 12 Stück
Zubereitung: 20 Min.
Ruhen: 12 Std. 15 Min. | Backen: 25 Min.

1 Mandeln fein hacken und mit Rosinen, Zitronat, Orangeat, Mandelaroma und dem Rum vermischen. Abgedeckt ca. 12 Std. ziehen und ruhen lassen.

2 Dann Mehl in eine Schüssel geben, in die Mitte eine Mulde drücken. Hefe zerbröckeln und mit 1 TL Puderzucker und 3 EL warmem Wasser verrühren. In die Mulde gießen, mit Mehl bestäuben und abgedeckt 15 Min. ruhen und gehen lassen.

3 Den Backofen auf 180° (Umluft 160°) vorheizen. Je ein Papierförmchen in die Vertiefungen des Muffinblechs setzen oder die Mulden fetten. Die Eier, 50 g Puderzucker, 100 g Butter und die Fruchtmischung zum Mehl geben, alles kräftig verkneten.

4 Den Teig in die Blechvertiefungen füllen, im Ofen (Mitte) 20 – 25 Min. backen. Übrige Butter schmelzen. Muffins aus dem Ofen nehmen und sofort mit Butter beträufeln und mit übrigem Puderzucker bestäuben, bis beides aufgebraucht ist. Kurz abkühlen lassen und aus der Form lösen.

Lebkuchen-Muffins

100 g Butter
200 g Mehl
2 geh. TL Backpulver
6 Lebkuchen (200 g, Sorte nach Geschmack)
2 Eier (M)
200 g Crème fraîche, Schmand oder saure Sahne
100 g Zucker
1 TL Lebkuchengewürz
100 g Puderzucker
4 EL Zitronensaft
Außerdem:
12er-Muffinblech
12 Papierförmchen oder Butter für das Blech

Für 12 Stück
Zubereitung: 20 Min. | Backen: 25 Min.

1 Den Backofen auf 180° (Umluft 160°) vorheizen. Je ein Papierförmchen in die Vertiefungen des Muffinblechs setzen oder die Mulden fetten. Die Butter schmelzen, Mehl und Backpulver vermischen. Die Lebkuchen in ca. 1 cm große Stücke schneiden.

2 Die Eier mit Crème fraîche, Schmand oder saurer Sahne, Zucker, Lebkuchengewürz und Butter verrühren. Die Mehlmischung zügig unterrühren, die Lebkuchen untermengen.

3 Den Teig in die Blechvertiefungen füllen. Muffins im Ofen (Mitte) 20 – 25 Min. backen. Puderzucker und Zitronensaft zu einem Guss verrühren. Die Muffins aus dem Ofen nehmen und sofort mit der Glasur bepinseln. Kurz abkühlen lassen, aus der Form lösen.

AUSTAUSCHTIPP
Den Guss statt mit Zitronensaft mit flüssiger Butter anrühren und mit wenig Lebkuchengewürz abrunden.

oben: Christstollen-Muffins | unten: Lebkuchen-Muffins

CUPCAKE-GLÜCK

Cupcakes sind angesagt! Einfach und schnell gebacken, liebevoll verziert und immer ein süßer Hingucker! Hier finden Sie viele fantastische Rezepte für die kleinen bunten Überraschungstörtchen aus den USA.

FÜR FESTTAGE

Angel-Cupcakes mit Pflaumen

Ein Hauch von nichts, ein luftiger Hochstapler! Der kleine Bruder des amerikanischen Angel-Cake schmeckt nicht nur zwischendurch sehr gut, sondern ist auch lecker als Dessert.

Für das Topping:
400 g Pflaumen
120 ml Pflaumenwein (Asienladen)
80 g Pflaumenmus
250 g Sahne
1 Päckchen Vanillezucker
Für den Teig:
1 Bio-Zitrone
4 Eiweiß (M)
1 Prise Salz
130 g Zucker
1 Päckchen Vanillezucker
100 g Magerquark
200 g Kokosraspel
Außerdem:
12er-Muffinblech
12 Papierförmchen

Für 12 Stück
Zubereitung: 25 Min. | Backen: 20 Min.

1 Die Pflaumen waschen, halbieren und entsteinen. Mit Pflaumenwein und Pflaumenmus in einem Topf aufkochen, dann vom Herd nehmen und zugedeckt ca. 30 Min. abkühlen lassen.

2 Inzwischen den Backofen auf 180° (Umluft 160°) vorheizen. Für den Teig die Zitrone heiß waschen und abtrocknen, 2 TL Schale abreiben und 2 EL Saft auspressen. Eiweiße mit Salz und Zitronensaft steif schlagen. Den Zucker und Vanillezucker langsam einrieseln lassen und 3 Min. weiterschlagen. Die Zitronenschale, den Quark und die Kokosraspel dazugeben und unter den Eischnee heben.

3 Die Papierförmchen in die Mulden setzen. Den Teig einfüllen, dabei die Masse mit einem Löffel etwas flach drücken. Im Backofen (Mitte) ca. 20 Min. backen. Die Form herausnehmen, kurz abkühlen lassen, dann die Cakes aus den Formen lösen und auskühlen lassen.

4 Für das Topping die Sahne mit Vanillezucker steif schlagen. Die Vanillesahne mit einem Löffel auf den Cakes verteilen. Die Pflaumen daraufsetzen und mit Pflaumensud beträufeln.

links: Dattel-Brandy-Cupcakes | rechts: Calvados-Cupcakes

Dattel-Brandy-Cupcakes

120 g getrocknete, entkernte Datteln
3 EL Zitronensaft
100 g weiche Butter
60 g Zucker
3 Eier (M)
150 g Maisgrieß (Polenta)
3 geh. TL Backpulver
80 g gemahlene Haselnüsse
1 Prise Salz
½ TL Lebkuchengewürz
120 ml Milch
250 g Crème double
2 Päckchen Vanillezucker
3 – 4 EL Brandy (oder Orangensaft)
Außerdem:
12er-Muffinblech
Butter für das Blech

Für 12 Stück
Zubereitung: 20 Min. | Backen: 20 Min.

1 Den Backofen auf 180° (Umluft 160°) vorheizen. 3 Datteln längs vierteln und beiseitelegen, die übrigen würfeln und mit Zitronensaft mischen. Die Butter mit Zucker cremig rühren. Die Eier nach und nach unterrühren. Grieß, Backpulver, Nüsse, Salz, Lebkuchengewürz, Datteln und Milch dazugeben und zügig unterrühren.

2 Die Mulden einfetten und den Teig einfüllen. Im Backofen (Mitte) ca. 20 Min. backen. Die Form herausnehmen, kurz abkühlen lassen, dann die Cakes herauslösen und auskühlen lassen.

3 Für das Topping Crème double mit Vanillezucker und Brandy verrühren. Mit einem Esslöffel jeweils einen Klecks Creme auf die Cakes setzen. Die Cakes mit den übrigen Datteln dekorieren.

Calvados-Cupcakes

120 g getrocknete Apfelringe
175 ml Apfelsaft
100 g weiche Butter
60 g Zucker
3 Eier (M)
150 g Hartweizengrieß
80 g gemahlene Walnüsse
2 geh. TL Backpulver
1 Prise Salz
½ TL Zimtpulver
100 ml Milch
250 g Crème double
2 Päckchen Vanillezucker
3 – 4 EL Calvados (Apfelschnaps; oder Apfelsaft)
Außerdem:
12er-Muffinblech
Butter für das Blech

Für 12 Stück
Zubereitung: 20 Min. | Backen: 20 Min.

1 Den Backofen auf 180° (Umluft 160°) vorheizen. 6 Apfelringe halbieren und die Hälften beiseitelegen. Den Rest klein schneiden und mit 5 EL Apfelsaft mischen. Die Butter mit Zucker cremig rühren. Die Eier nach und nach unterrühren. Grieß, Walnüsse, Backpulver, Salz, Zimtpulver, marinierte Äpfel und Milch dazugeben und zügig unterrühren.

2 Die Mulden einfetten und den Teig einfüllen. Im Backofen (Mitte) ca. 20 Min. backen. Die Form herausnehmen, die Cakes mit dem übrigen Apfelsaft beträufeln und kurz abkühlen lassen. Dann herauslösen und auskühlen lassen.

3 Für das Topping Crème double mit Vanillezucker und Calvados verrühren. Mit einem Esslöffel jeweils einen Klecks auf die Cakes setzen. Die Cakes mit halbierten Apfelringen dekorieren.

PERFEKTE KOMBI

Cassis-Schokoladen-Cupcakes

Hier spielen Schwarze Johannisbeeren die Hauptrolle. Sie sind versteckt in einem luftig-leichten Schokoladen-Haselnuss-Teig.

Für den Teig:
150 g Zartbitterschokolade
250 g Schwarze Johannisbeeren
4 Eier (M)
1 Prise Salz
150 g weiche Butter
140 g Zucker
3 EL Johannisbeerlikör (z. B. Cassis; oder Himbeersirup)
50 g gemahlene Haselnüsse
50 g Mehl
1 geh. TL Backpulver
Für das Topping:
250 g Crème double
Rote und Schwarze Johannisbeeren für die Deko
Außerdem:
12er-Muffinblech
12 Papierförmchen

Für 12 Stück
Zubereitung: 25 Min. | Backen: 20 Min.

1 Die Schokolade in Stücke brechen und in einer Schüssel über dem heißen Wasserbad schmelzen, dann abkühlen lassen. Den Backofen auf 180° (Umluft 160°) vorheizen. Die Johannisbeeren waschen, mit einer Gabel von den Rispen streifen und auf Küchenpapier abtropfen lassen.

2 Die Eier trennen. Eiweiße mit dem Salz steif schlagen. Butter mit Zucker cremig rühren. Die Eigelbe nach und nach unter die Buttermasse rühren. Likör und Schokolade unterrühren. Haselnüsse, Mehl und Backpulver in einer Schüssel mischen und unter die Eiermasse rühren. Eischnee und Beeren daraufgeben und vorsichtig unter die Masse heben.

3 Die Papierförmchen in die Mulden setzen. Den Teig einfüllen. Im Ofen (Mitte) ca. 20 Min. backen. Die Form herausnehmen, kurz abkühlen lassen, dann die Cakes aus den Formen lösen und auskühlen lassen. Je einen Klecks Crème double auf die Cakes setzen und mit den Beeren verzieren.

Rhabarber-Cupcakes

400 g Rhabarber
2 Päckchen Vanillezucker
2 EL Orangenlikör (oder Orangensaft)
300 g weiche Butter
130 g Zucker
3 Eier (M)
150 g Mehl
50 g Speisestärke
2 geh. TL Backpulver
1 Prise Salz
4 EL Waldmeistersirup (Fertigprodukt)
150 g Doppelrahmfrischkäse
Waldmeisterblätter für die Deko (nach Belieben)
Außerdem:
12er-Muffinblech
12 Papierförmchen
Spritzbeutel mit Lochtülle

Für 12 Stück
Zubereitung: 25 Min. | Backen: 25 Min.

1 Den Backofen auf 180° (Umluft 160°) vorheizen. Den Rhabarber waschen, putzen, eventuell schälen und dabei die Fäden abziehen. Dann klein würfeln, mit Vanillezucker und Likör mischen. 150 g Butter mit Zucker cremig rühren. Die Eier nach und nach unterrühren. Das Mehl mit Speisestärke, Backpulver und Salz über die Eiermasse sieben und mit den Rhabarberwürfeln unterrühren.

2 Die Papierförmchen in die Mulden setzen. Den Teig einfüllen. Im Ofen (Mitte) 20 – 25 Min. backen. Herausnehmen, kurz abkühlen lassen, dann die Cakes herauslösen und auskühlen lassen.

3 Die übrige Butter mit Waldmeistersirup und dem Frischkäse verrühren. Die Creme in einen Spritzbeutel mit Lochtülle füllen und auf die Cakes spritzen. Mit Waldmeisterblättern garnieren.

Brombeer-Cupcakes

1 Bio-Limette
100 g gemahlene Haselnüsse
125 g Mehl
200 g Zucker
125 g kalte Butter
350 g Brombeeren
30 g Semmelbrösel
100 g Haselnussblättchen
200 g Magerquark
150 g Sahne
Außerdem:
12er-Muffinblech
Butter für das Blech

Für 12 Stück
Zubereitung: 25 Min. | Backen: 25 Min.

1 Den Backofen auf 180° (Umluft 160°) vorheizen. Limette waschen und abtrocknen, die Schale fein abreiben und 3 EL Saft auspressen. Die gemahlenen Nüsse mit Mehl, 125 g Zucker, 1 TL Limettenschale und Butterflöckchen zu Streuseln verarbeiten. Davon 300 g abnehmen, den Rest kalt stellen.

2 Die Mulden mit Butter einfetten. Die Streusel in die Mulden füllen. Brombeeren verlesen, 12 Beeren beiseitelegen. Die übrigen Beeren mit 35 g Zucker, Semmelbröseln und Limettensaft mischen. Die Mischung auf den Streuseln verteilen. Die kalten Streusel mit Haselnussblättchen mischen und über die Beeren krümeln. Im Ofen (Mitte) ca. 25 Min. backen. Herausnehmen, kurz abkühlen lassen, dann die Cakes herauslösen und auskühlen lassen.

3 Den Quark mit 40 g Zucker verrühren. Die Sahne steif schlagen und unterheben. Den Sahnequark auf die Cupcakes geben. Mit den übrigen Beeren und der restlichen Limettenschale dekorieren.

oben: Rhabarber-Cupcakes | unten: Brombeer-Cupcakes

oben: Matcha-Cupcakes | unten: Feigen-Cupcakes

Matcha-Cupcakes

450 g Erdbeeren
180 g Zucker
150 g weiche Butter
3 Eier (M)
210 g Mehl
2 ½ geh. TL Backpulver
1 Prise Salz
250 g Sahne
1 Päckchen Vanillezucker
1 TL Matcha-Pulver (Grüntee-Pulver)
Außerdem:
12er-Muffinblech
12 Papierförmchen
Spritzbeutel mit Sterntülle

Für 12 Stück
Zubereitung: 25 Min. | Backen: 20 Min.

1 Den Backofen auf 180° (Umluft 160°) vorheizen. Die Erdbeeren waschen, 6 große Beeren mit Kelch halbieren und beiseitelegen. Den Rest putzen und pürieren. Das Püree mit 2 EL Zucker in einem Topf ca. 5 Min. einkochen und abkühlen lassen. Die Butter mit übrigem Zucker cremig rühren. Die Eier nach und nach unterrühren. Das Mehl mit Backpulver und Salz mischen. Die Mischung zügig unter die Eiermasse rühren. Ca. 120 g Erdbeerpüree abnehmen und unter den Teig heben.

2 Die Papierförmchen in die Mulden setzen. Den Teig einfüllen. Im Ofen (Mitte) ca. 20 Min. backen. Herausnehmen, kurz abkühlen lassen, dann die Cakes herauslösen und abkühlen lassen.

3 Die Sahne mit Vanillezucker steif schlagen. Die Vanillesahne in einen Spritzbeutel mit Sterntülle füllen und auf die Cakes spritzen. Mit Matcha-Pulver bestäuben. Die übrigen Erdbeerhälften daraufsetzen. Übriges Erdbeerpüree dazu reichen.

Feigen-Cupcakes

100 g Butter
3 Eier (M)
75 g + 3 TL Zucker
80 g Macadamianüsse
80 g Mehl
1 geh. TL Backpulver
1 Prise Salz
250 g Feigen
2 frische Eigelb (M)
2 EL Marsala (italienischer Süßwein)
200 g Mascarpone
Chilipulver
Außerdem:
12er-Muffinblech
12 Papierförmchen
Spritzbeutel mit Lochtülle

Für 12 Stück
Zubereitung: 25 Min. | Backen: 20 Min.

1 Den Backofen auf 180° (Umluft 160°) vorheizen. Die Butter schmelzen und abkühlen lassen. Die Eier mit 75 g Zucker schaumig rühren. Die Nüsse hacken, in einer Pfanne rösten und 2 EL beiseitelegen. Den Rest mit Mehl, Backpulver, Salz und Butter unter die Eiermasse rühren. Feigen waschen, 1 Feige in 12 Spalten schneiden und beiseitelegen. Den Rest würfeln und unter den Teig mischen.

2 Die Papierförmchen in die Mulden setzen. Den Teig einfüllen. Im Ofen (Mitte) ca. 20 Min. backen. Herausnehmen, kurz abkühlen lassen, dann die Cakes herauslösen und auskühlen lassen.

3 Für das Topping die Eigelbe mit 3 TL Zucker cremig rühren, Marsala und Mascarpone unterrühren. Die Creme in einen Spritzbeutel mit Lochtülle füllen und auf die Cakes spritzen. Mit den übrigen Nüssen und den Feigenspalten verzieren. Die Cakes mit wenig Chilipulver bestäuben.

BLUMIG UND VOLLER AROMA

Jasmintee-Orangen-Cupcakes

Das Besondere an diesen Minis: Die noch warmen Cupcakes werden mit einem sirupartig eingekochten Jasmintee getränkt.

Für den Teig:
100 g weiche Butter
70 g Zucker
1 Prise Salz
1 Bio-Orange
3 Eier (M)
150 g Hartweizengrieß
2 geh. TL Backpulver
100 g gemahlene Mandeln
50 g gehackte Pistazienkerne
Für das Topping:
300 ml Orangensaft
5 TL Jasmintee
100 g Zucker
250 g Sahne
1 Päckchen Vanillezucker
12 kandierte Orangenhälften für die Deko
Außerdem:
12er-Muffinblech
12 Papierförmchen
Spritzbeutel mit Sterntülle

Für 12 Stück
Zubereitung: 30 Min. | Backen: 20 Min.

1 Den Backofen auf 180° (Umluft 160°) vorheizen. Die Butter mit Zucker und Salz cremig rühren. Die Orange heiß waschen und abtrocknen, die Schale fein abreiben und den Saft auspressen. Die Orangenschale und Eier nach und nach unter die Buttermasse rühren. Grieß, Backpulver, Mandeln und Pistazien mischen. Die Mischung und den Orangensaft zügig unter die Eiermasse rühren.

2 Die Papierförmchen in die Mulden setzen. Den Teig einfüllen. Im Ofen (Mitte) ca. 20 Min. backen. Für das Topping den Orangensaft aufkochen lassen. Den Jasmintee darin 2 Min. ziehen lassen. Dann durch ein Sieb in einen zweiten Topf gießen, dabei die Teeblätter ausdrücken. Den Orangensaft mit Zucker aufkochen und offen bei mittlerer Hitze ca. 10 Min. sirupartig einkochen lassen.

3 Die Form aus dem Ofen nehmen und kurz abkühlen lassen. Die noch warmen Cakes mit dem Sirup tränken und kurz abkühlen lassen. Dann die Cakes aus den Formen lösen und auskühlen lassen.

4 Die Sahne mit Vanillezucker steif schlagen. Die Vanillesahne in einen Spritzbeutel mit Sterntülle füllen und auf die Cakes spritzen. Mit den kandierten Orangenhälften verzieren.

FESTLICH

Feigen-Sirup-Cupcakes

1 Bio-Zitrone
200 g getrocknete Feigen
100 g Akazienhonig
¼ TL Zimtpulver
3 Eier (M)
75 ml Rapsöl
200 g gemahlene Mandeln
50 g Kokosraspel
50 g Mandelstifte
2 EL Pinienkerne
3 TL Puderzucker
100 g Crème fraîche
Außerdem:
12er-Muffinblech
12 Papierförmchen oder Butter für das Blech

Für 12 Stück
Zubereitung: 25 Min. | Backen: 25 Min.

1 Die Zitrone heiß waschen und abtrocknen, die Schale fein abreiben, den Saft auspressen. 150 g Feigen klein würfeln. Den Honig mit Zitronensaft und -schale in einen Topf geben und aufkochen. Feigenwürfel und den Zimt dazugeben und alles ca. 5 Min. bei mittlerer Hitze sirupartig einköcheln lassen.

2 Den Backofen auf 180° (Umluft 160°) vorheizen. Die Mulden des Muffinblechs einfetten oder Papierförmchen hineinsetzen. Die Sirupmischung mit einem Pürierstab fein zerkleinern.

3 Eier, Öl und Feigensirup verrühren, gemahlene Mandeln und Kokosraspel untermischen. Den Teig in die Blechmulden füllen und im Ofen (Mitte) 20 – 25 Min. backen. Blech aus dem Ofen nehmen und die Muffins darin auf einem Kuchengitter kurz abkühlen lassen, dann herauslösen und auskühlen lassen.

4 Übrige Feigen klein würfeln. Mandelstifte und Pinienkerne mit 2 TL Puderzucker vermischen und in einer Pfanne goldbraun rösten. Die Crème fraîche mit übrigem Puderzucker verrühren und je 1 Klecks auf die Muffins geben. Mandel-Mix und Feigen darauf verteilen. Cupcakes möglichst bald servieren.

FÜR DIE WINTERZEIT

Maronen-Walnuss-Cupcakes

100 g Walnüsse
1 TL Speisestärke
3 Eier (M)
1 Prise Salz
75 g (Roh-)Rohrzucker
50 ml Walnussöl
200 g süßes Maronenpüree (aus dem Glas)
100 g Preiselbeeren (aus dem Glas)
1 Päckchen Vanillezucker
150 g Sahne
Außerdem:
12er-Muffinblech
12 Papierförmchen oder Butter für das Blech
Spritzbeutel mit großer Sterntülle

Für 12 Stück
Zubereitung: 20 Min. | Backen: 25 Min.

1 Den Backofen auf 180° (Umluft 160°) vorheizen. Die Mulden des Muffinblechs einfetten oder Papierförmchen hineinsetzen. Die Walnusskerne in einem Blitzhacker fein mahlen und mit der Speisestärke mischen.

2 Die Eier trennen. Eiweiße und Salz mit den Quirlen des Handrührgeräts steif schlagen. Die Eigelbe mit Rohrzucker, Walnussöl und 150 g Maronenpüree cremig verrühren. Den Eischnee und die Nussmischung unterheben.

3 Den Teig in die Blechmulden füllen und im Ofen (Mitte) 20 – 25 Min. backen. Das Blech aus dem Ofen nehmen und die Muffins darin auf einem Kuchengitter kurz abkühlen lassen, dann herauslösen. Die Preiselbeeren mit Vanillezucker verrühren und die Oberfläche der noch warmen Muffins damit bestreichen. Die Muffins auskühlen lassen.

4 Die Sahne steif schlagen und das restliche Maronenpüree unterrühren. Die Maronensahne in den Spritzbeutel füllen und als Rosetten oder große Tupfen auf die Muffins spritzen. Die Cupcakes möglichst bald servieren.

ZITRONIG-FRISCH

Lemon Curd Cupcakes

3 – 4 Bio-Zitronen
450 g Zucker
6 Eier (M)
500 g weiche Butter
Salz | 2 Päckchen Vanillezucker
400 g Mehl
5 TL Backpulver
200 ml Milch
150 g Puderzucker
300 g Frischkäse
Außerdem:
12er-Muffinblech
24 Papierförmchen
Spritzbeutel mit Sterntülle

Für 24 Stück
Zubereitung: 50 Min.
Abkühlen: 40 Min. | Backen: 50 Min.

1 Für den Lemon Curd Zitronen heiß waschen, trocken reiben. Schale mit Zestenreißer abziehen, Saft auspressen. Zesten mit 1 TL Zitronensaft mischen, in 2 EL Zucker wenden. 100 ml Saft mit 150 g Zucker, 2 Eiern, 50 g Butter in einem Topf aufkochen, ca. 5 Min. unter Rühren köcheln lassen. Vom Herd nehmen und abkühlen lassen.

2 Den Backofen auf 200° (Umluft) vorheizen. 300 g Butter mit 2 Prisen Salz cremig schlagen, Vanillezucker und restlichen Zucker einrieseln lassen. 4 Eier unterschlagen. Mehl und Backpulver mischen, abwechselnd mit Milch und 120 g Lemon Curd unterheben. 12 Papierförmchen in die Mulden des Muffinblechs setzen, zwei Drittel hoch mit der Hälfte des Teigs füllen und je 1 TL Lemon Curd daraufsetzen. Cupcakes im Ofen (Mitte) 20 – 25 Min. backen. Herausnehmen, aus der Form lösen, abkühlen lassen. Zweite Portion ebenso backen.

3 Die restliche Butter schaumig schlagen, dabei den Puderzucker einrieseln lassen. 3 EL Lemon Curd unterschlagen und den Frischkäse unterheben. Die Creme 30 Min. kühl stellen. In einen Spritzbeutel mit Sterntülle geben und in großen Tuffs auf die Cupcakes spritzen. Mit der gezuckerten Zitronenschale garnieren.

MUNTER-
MACHER

Mokka-Cupcakes

100 g Zartbitterschokolade
300 g Butter
4 TL Instant-Kaffee
90 g Mehl
1 EL Kakaopulver
80 g Zucker
1 Päckchen Vanillezucker
1 TL Backpulver
Salz | 3 Eier (M)
80 g Puderzucker
150 g Frischkäse
12 Schoko-Mokkabohnen
Außerdem:
12er-Muffinblech
12 Papierförmchen
Spritzbeutel mit Lochtülle

Für 12 Stück
Zubereitung: 30 Min.
Backen: ca. 25 Min. | Kühlen: 30 Min.

1 Die Schokolade zerkleinern und in einem Topf mit 180 g Butter und 2 TL Kaffeepulver bei schwacher Hitze unter Rühren schmelzen. Vom Herd nehmen und etwas abkühlen lassen.

2 Den Backofen auf 180° (Umluft 160°) vorheizen. Mehl, Kakao, Zucker, Vanillezucker, Backpulver und 1 Prise Salz mischen. Zunächst die Eier und dann die Mehlmischung unter die Schokomasse rühren. Ein Muffinblech mit 12 Papierförmchen auslegen, den Teig darauf verteilen und im heißen Backofen (Mitte) 20 – 25 Min. backen.

3 Für die Mokkacreme das restliche Kaffeepulver mit 1 EL heißem Wasser anrühren und abkühlen lassen. Die übrige zimmerwarme Butter mit dem Puderzucker schaumig schlagen. Nach und nach den zimmerwarmen Frischkäse und den Kaffee unterrühren. Die fertige Creme kühl stellen.

4 Die Cupcakes aus dem Ofen nehmen, etwas abkühlen lassen, aus der Form lösen und vollständig auskühlen lassen. Die Mokkacreme in einen Spritzbeutel füllen und auf die Cakes spritzen. Mit Mokkabohnen garnieren.

SAFTIG & SÜSS

Zucchini-Marzipan-Cupcakes

Zucchini mit Marzipan? Das passt sogar sehr gut zusammen – wie dieser Klassiker des amerikanischen Kaffeetischs beweist. Probieren Sie's!

100 g Zucchini
1 Bio-Orange
85 g weiche Butter
100 g Marzipanrohmasse
½ Päckchen Vanillezucker
2 Eier (M)
130 g Mehl
1 TL Backpulver
2 EL Frischkäse
1 EL Puderzucker
Außerdem:
6er-Muffinblech
Butter und Mehl für das Blech

Für 6 Stück
Zubereitung: 25 Min. | Backen: 25 Min.

1 Den Backofen auf 200° (Umluft 180°) vorheizen. Zucchini putzen, waschen, trocken reiben und fein raspeln. Orange heiß waschen, trocken reiben und die Schale fein abreiben. Saft auspressen.

2 75 g Butter, Marzipanrohmasse in Stückchen, Vanillezucker und die Hälfte der Orangenschale mit den Quirlen des Handrührgeräts cremig rühren. Eier nacheinander unterrühren. Mehl und Backpulver mischen und nach und nach unterrühren. Zucchiniraspel und 1–2 EL Orangensaft zugeben und unterrühren.

3 Die Mulden des Muffinblechs fetten und mit Mehl ausstäuben. Den Teig in die Mulden geben und im heißen Ofen (2. Schiene von unten) ca. 25 Min. backen. Herausnehmen und auskühlen lassen.

4 Für die Creme restliche Butter, Frischkäse, Puderzucker und die Hälfte der Orangenschale mit den Quirlen des Handrührgeräts glatt rühren. Bis zum Servieren kaltstellen. Die Oberfläche der Muffins mit der Orangencreme verzieren, mit restlicher Orangenschale bestreuen und servieren.

TIPP

Die Cupcakes gelingen auch mit Kürbis- oder Möhrenraspel. Ohne Creme können sie auch gut eingefroren werden. Dann im vorgeheizten Backofen bei 180° (Umluft) 10 Min. auftauen lassen. Falls Sie kein Muffinblech besitzen: Zwei Papierförmchen ineinandersetzen, den Teig mithilfe eines Esslöffels einfüllen und wie beschrieben backen.

KÖNIGLICHER GENUSS

Prinzessin, Euer Cupcake wartet!

3 Eier (M)
60 g Zucker
2 Päckchen Vanillezucker
75 g Mehl
50 g rosa Fondant
essbarer Glitter zum Bestreuen
250 g weiche Butter
2 TL Vanille-Extrakt
500 g Puderzucker
rote Lebensmittelfarbe

Außerdem:
12er-Muffinblech
Butter für das Blech
Sternausstecher (4 cm Ø)
12 Cake-Pop-Stiele
Spritzbeutel mit Sterntülle

Für 12 Stück
Zubereitung: 25 Min. | Backen: 15 Min.

1 Den Backofen auf 180° (Umluft) vorheizen. Die Mulden des Muffinblechs einfetten. Eier trennen. Die Eiweiße steif schlagen, den Zucker und Vanillezucker einstreuen und weiterschlagen, bis die Masse fest ist. Eigelbe dazugeben und rasch unterrühren, das Mehl unterheben. Teig in die Blechmulden füllen und im Ofen (Mitte) ca. 15 Min. backen. Herausnehmen, kurz abkühlen lassen und aus dem Blech lösen. Auskühlen lassen.

2 Den Fondant weich kneten, 2 – 3 mm dick ausrollen und 24 Sterne ausstechen. Cake-Pop-Stiele um ein Drittel kürzen. Jeweils 1 Stielende zwischen 2 Sterne legen, die Sterne zusammendrücken. Mit Wasser einpinseln und mit Glitter bestreuen.

3 Für die Buttercreme Butter und Vanille-Extrakt mit den Quirlen des Handrührgeräts cremig rühren. Puderzucker dazusieben, langsam einrühren und weiterrühren, bis sich der Zucker aufgelöst hat. Die Buttercreme halbieren und eine Hälfte mit der Lebensmittelfarbe rosa einfärben. Die weiße und rosa Buttercreme nebeneinander in den Spritzbeutel füllen. Buttercreme auf die Muffins spritzen, mit Glitter bestreuen und mit den Sternzeptern krönen.

DIE ROCKEN RICHTIG!

Rock-'n'-Roll-Cupcakes

1 Möhre (ca. 80 g) | 35 g Walnusskerne
1 Ei (M) | 63 g brauner Zucker
80 ml Sonnenblumenöl
90 g Mehl | 1 TL Backpulver
je ½ TL Zimtpulver, frisch geriebene Muskatnuss und Ingwerpulver
100 g Puderzucker | 100 g weiche Butter
300 g Frischkäse
je 50 g schwarzer und roter Fondant
weiße Zuckerschrift

Außerdem:
6er-Muffinblech | Butter für das Blech
Spritzbeutel mit Lochtülle
runde Ausstechformen (1 ½ cm und 3 cm Ø)
Sternausstecher (2 cm Ø)
Strohhalm

Für 6 Stück
Zubereitung: 30 Min. | Backen: 30 Min.

1 Den Backofen auf 180° (Umluft) vorheizen. Möhre schälen und reiben. Walnusskerne hacken. Ei, braunen Zucker und Sonnenblumenöl in einer Schüssel schaumig schlagen. Mehl, Backpulver, Zimt, Muskatnuss, Ingwer sowie Walnüsse und Möhren dazugeben und alles untermengen. Die Mulden des Muffinblechs einfetten. Teig in die Mulden füllen und im Ofen (Mitte) 30 Min. backen. Herausnehmen, kurz abkühlen lassen und die Muffins aus dem Blech lösen. Auskühlen lassen.

2 Puderzucker und Butter 3 Min. cremig schlagen. Den Frischkäse zügig unter die Creme rühren, damit sie nicht gerinnt. Das fertige Frosting in den Spritzbeutel füllen und auf die Muffins spritzen.

3 Die Fondants weich kneten, 3 – 4 mm dick ausrollen. Aus dem schwarzen Fondant 6 große Kreise, aus dem roten Fondant 6 kleine Kreise und 6 Sterne ausstechen. Sterne mit Zuckerschrift beschriften. Für Schallplatten die schwarzen Kreise mit Wasser einpinseln und je 1 roten Kreis daraufsetzen, andrücken. Mit dem Strohhalm jeweils ein kleines Loch in die Mitte stechen. Cupcakes mit Schallplatten und Sternen dekorieren.

KUCHEN IM MINIFORMAT

Vorhang auf für Brownies, Mini-Gugl und Co., den Klassikern im neuen Gewand! An der Größe wird zwar gespart (so lässt sich viel besser zwischendurch naschen), dafür überraschen die folgenden Rezepte mit raffinierten Kombinationen.

SCHÖN SAFTIG

Mandel-Marzipan-Brownies

Mit Fruchtsaucen und Vanilleeis wird aus diesen leckeren Brownies im Handumdrehen ein tolles Dessert für Gäste.

50 g Butter
100 g dunkle Blockschokolade
50 g Mehl
50 g gemahlene Mandeln
40 g Zucker
1 Päckchen Vanillezucker
1 TL Backpulver
2 Eier (M)
100 g Apfelmus (aus dem Glas)
80 g Marzipanrohmasse
30 g Mandelblättchen
1 EL Puderzucker
Außerdem:
Butter und Mehl für die Form

Für 1 Backform (20 × 20 cm)
Zubereitung: 25 Min. | Backen: 35 Min.

1 Den Backofen auf 180° (Umluft 160°) vorheizen. Die Butter mit der Blockschokolade in einem Topf bei geringer Hitze unter Rühren schmelzen. Oder beides in eine Keramikschale geben und bei Auftaustufe in der Mikrowelle schmelzen.

2 Mehl, gemahlene Mandeln, Zucker, Vanillezucker und Backpulver mischen. Eier und Apfelmus unter die flüssige Schokoladenbutter rühren. Die Mehlmischung unterheben.

3 Den Teig in die gefettete und gemehlte Form füllen. Marzipan in kleine Flöckchen schneiden und darauf verteilen. Die Mandelblättchen darüberstreuen und mit Puderzucker bestäuben.

4 Die Brownies im heißen Backofen (Mitte) 30 – 35 Min. backen, dabei nach 25 Min. nach Bedarf mit Alufolie abdecken.

5 Die Brownies herausnehmen, etwas abkühlen lassen, in Stücke schneiden und aus der Form lösen. Vollständig auskühlen lassen.

TIPP

Für alle, die es noch »mandeliger« mögen: einfach einige Tropfen Bittermandelaroma unter den Teig rühren.

Bananen-Blondies

Die Schwester des Brownies ist ebenfalls ein Klassiker der amerikanischen Backkunst. Der größte Unterschied: Statt Kakao- dominiert hier Vanillearoma.

2 reife Bananen
2 EL Zitronensaft
100 g Macadamianüsse
100 g weiße Kuvertüre
50 g frischer Ingwer
200 g Mehl
1 Prise Salz
3 TL Backpulver
1 Päckchen Vanillezucker
100 g weiche Butter
150 g (Roh-)Rohrzucker
4 Eier (M)
Außerdem:
Butter und Mehl für die Form
50 g weiße Kuvertüre für die Deko
Spritzbeutel mit kleiner Lochtülle

Für 1 Backform (24 × 24 cm)
Zubereitung: 35 Min. | Backen: 30 Min.

1 Den Backofen auf 200° (Umluft 180°) vorheizen. Die Backform einfetten und mit Mehl einstäuben.

2 Für den Teig die Bananen schälen, mit einer Gabel fein zerdrücken und sofort mit Zitronensaft verrühren. Die Nüsse und die Kuvertüre fein hacken. Den Ingwer schälen und fein reiben. Mehl mit Salz, Backpulver und Vanillezucker vermischen.

3 Die Butter und den Rohrzucker mit den Quirlen des Handrührgeräts cremig rühren, Eier nacheinander unterschlagen. Mehlmischung und das Bananenpüree mit den Knethaken des Handrührgeräts nach und nach unter die Eiermasse rühren. Nüsse, Ingwer und Kuvertüre unter den Teig ziehen.

4 Den Teig in die Form füllen und glatt streichen. Im Ofen (unten) 25 – 30 Min. backen. Herausnehmen und den Kuchen in der Form kurz abkühlen lassen, dann aus der Form nehmen und auf einem Kuchengitter auskühlen lassen.

5 Für die Garnitur die Kuvertüre fein hacken, in eine kleine Metallschüssel geben und über einem heißen Wasserbad schmelzen lassen. Kuvertüre in den Spritzbeutel füllen und in feinen Linien über den Kuchen ziehen, erstarren lassen. Den Kuchen in quadratische Stücke schneiden.

KLASSIKER

Walnuss-Brownies

400 g Walnusskerne
300 g Zartbitterschokolade
300 g Butter
500 g (Roh-)Rohrzucker
2 Prisen Salz
6 zimmerwarme Eier (M)
300 g Mehl
Außerdem:
Butter und Mehl für das Backblech

Für 1 Backblech (36 Stück)
Zubereitung: 25 Min. | Backen: 30 Min.

1 Die Walnusskerne grob hacken. Die Schokolade in eine Metallschüssel bröckeln und mit der Butter über dem heißen Wasserbad schmelzen lassen, dabei immer wieder umrühren. Die Schokoladen-Butter-Masse in eine Rührschüssel geben. Zucker und Salz unterrühren. Die Masse beiseitestellen und ca. 10 Min. abkühlen lassen.

2 Inzwischen den Backofen auf 180° (Umluft 160°) vorheizen. Ein Backblech einfetten und mit Mehl bestäuben. Jeweils ein Ei nach dem anderen ca. 1 Min. unter die Schokomasse rühren. Mehl und die Hälfte der Walnüsse zugeben und kurz unter den Teig rühren.

3 Den Teig auf das Blech geben und mit dem Teigschaber gleichmäßig verstreichen. Die restlichen Walnüsse auf dem Teig verteilen. Im Ofen (Mitte) 25 – 30 Min. backen.

4 Herausnehmen, vollständig auskühlen lassen und in 5 × 6 cm große Stücke schneiden.

FÜR DIE KAFFEEPAUSE

Macadamia-Blondies

250 g weiße Schokolade | 200 g ungesalzene Macadamianüsse | 450 g weiche Butter | 350 g Zucker | 2 Msp. gemahlene Vanille | 2 Prisen Salz | 6 zimmerwarme Eier (M) | 450 g Mehl | 2 TL Backpulver | **Außerdem:** Butter und Mehl für das Backblech

Für 1 Backblech (36 Stück)
Zubereitung: 25 Min. | Backen: 25 Min.

1 Schokolade und Nüsse hacken. Ofen auf 180° (Umluft 160°) vorheizen. Das Blech einfetten und mit Mehl bestäuben. Butter, Zucker, Vanille und Salz 5 Min. cremig schlagen. Die Eier nach und nach unterrühren. Mehl und Backpulver mischen und mit der Schokolade unter den Teig rühren.

2 Den Teig auf dem Blech mit dem Teigschaber verstreichen und mit Nüssen bestreuen. Im Ofen (Mitte) ca. 25 Min. backen. Auskühlen lassen und in 5 × 6 cm große Stücke schneiden.

Espresso-Brownies

500 g Zartbitterschokolade | 75 ml frisch gebrühter Espresso | 300 g Butter | 500 g (Roh-)Rohrzucker | 6 zimmerwarme Eier (M) | 210 g Mehl | 2 Prisen Salz | 4 EL ganze Espressobohnen | **Außerdem:** Butter und Mehl für das Backblech

Für 1 Backblech (36 Stück)
Zubereitung: 25 Min. | Backen: 25 Min.

1 Die Schokolade hacken. Espresso, Butter und Zucker aufkochen und beiseitestellen. 400 g Schokolade unterrühren, schmelzen und ca. 10 Min. abkühlen lassen. Backofen auf 180° (Umluft) vorheizen. Ein Backblech einfetten und mit Mehl bestäuben.

2 Jeweils ein Ei nach dem anderen ca. 1 Min. unter die Schokomasse rühren. Mehl, Salz und übrige Schokolade unterrühren. Teig auf dem Blech verstreichen. Mit Espressobohnen bestreuen. Im Ofen (Mitte) ca. 25 Min. backen. Auskühlen lassen und in 5 × 6 cm große Stücke schneiden.

SUPER SCHOKOLADIG

Pekannuss-Brownies

Extraschokoladig und supersaftig: Diese Brownies sind das perfekte süße Fingerfood, das vor allem an kalten Tagen glücklich macht.

150 g Mehl
1 TL Backpulver
2 EL Kakaopulver
150 g Zucker
2 Päckchen Vanillezucker
100 g Schokotropfen
Salz
100 g Pekannusskerne
200 g Zartbitterschokolade
100 g Butter
125 g Mascarpone
3 Eier (M)
Außerdem:
Butter und Mehl für die Form

Für 1 Backform (25 × 27 cm)
Zubereitung: 20 Min. | Backen: 25 Min.

1 Den Backofen auf 200° (Umluft) vorheizen. Die Form einfetten und mit Mehl bestäuben.

2 Für den Teig Mehl, Backpulver, Kakaopulver, Zucker, Vanillezucker, Schokotropfen und 2 Prisen Salz in eine Schüssel geben und gut mischen. Die Pekannusskerne grob hacken und unter die Mehlmischung rühren.

3 Schokolade und Butter in einen Topf geben und bei geringer Hitze schmelzen lassen. Zuerst den Mascarpone und die Eier mit einem Schneebesen unterrühren, dann die Mehlmischung mit einem Holzkochlöffel oder Teigschaber unterheben.

4 Den Teig in die Form füllen und glatt streichen. Im Ofen (Mitte) 20–25 Min. backen. Den Kuchen aus dem Ofen holen und auf einem Kuchengitter auskühlen lassen. Dann aus der Form lösen und in quadratische Stücke schneiden.

1

2

Johannisbeerkuchen mit Baiser

Säuerliche Früchte versinken in saftigem Rührteig, und eine luftig süße Baiserhaube macht aus den Frucht-Minis kleine Lieblingskuchen für Genießer.

300 g Rote Johannisbeeren
125 g Butter
3 Eier (M)
80 g Zucker
1 Päckchen Vanillezucker
225 g Mehl
2 TL Backpulver
1 Prise Salz
4 EL Milch
Für das Baiser:
1 Eiweiß (M)
1 Prise Salz
50 g Zucker
Außerdem:
12 hitzebeständige Förmchen (à ca. 100 ml Inhalt)
Butter und Mehl für die Förmchen
Puderzucker zum Bestäuben

Für 12 Stück
Zubereitung: 25 Min. | Backen: 25 Min.

1 Die Johannisbeeren waschen und die Beeren mit einer Gabel von den Rispen streifen. Den Backofen auf 180° (Umluft 160°) vorheizen. Die Förmchen einfetten und mit Mehl bestäuben.

2 Die Butter zerlassen und lauwarm abkühlen lassen. Die Eier mit dem Zucker und dem Vanillezucker in einer Rührschüssel schaumig rühren. Die Butter nach und nach unterrühren. Das Mehl mit dem Backpulver und dem Salz mischen und mit der Milch unterrühren.

3 Die Hälfte des Teigs in die Förmchen verteilen, die Hälfte der Johannisbeeren aufstreuen. Den restlichen Teig daraufgeben, übrige Johannisbeeren aufstreuen (Bild 1). Die Kuchen im heißen Ofen (Mitte) ca. 10 Min. backen.

4 Inzwischen für die Baisermasse das Eiweiß mit dem Salz steif schlagen. Den Zucker dazugeben und alles weiterschlagen, bis der Eischnee glänzt. Das Baiser in einen Spritzbeutel füllen und die Johannisbeerkuchen damit verzieren (Bild 2).

5 Die Küchlein wieder in den Ofen schieben und weitere 15 Min. backen, bis das Baiser leicht gebräunt ist. Die Kuchen 10 Min. in den Förmchen stehen lassen, dann herauslösen und komplett abkühlen lassen. Nach Belieben vor dem Servieren mit Puderzucker bestäuben.

Rhabarbertörtchen

300 g Rhabarber
150 g Zucker
150 g weiche Butter
3 Eier (M)
225 g Mehl
2 TL Backpulver
1 Prise Salz
5 EL Milch
1 Eiweiß (M)
2 Päckchen Vanillezucker
3 EL gemahlene Haselnusskerne
1 Prise Zimtpulver
Außerdem:
12 hitzebeständige Förmchen (à ca. 100 ml Inhalt)
Butter und Mehl für die Förmchen
Puderzucker zum Bestäuben

Für 12 Stück
Zubereitung: 25 Min. | Backen: 25 Min.

1 Den Rhabarber waschen, trocken tupfen, Enden abschneiden, vom unteren Stielansatz aus die Fasern abziehen. Die Stängel in dünne Scheiben schneiden und mit 2 EL Zucker mischen. Den Backofen auf 180° (Umluft 160°) vorheizen. Die Förmchen einfetten und mit Mehl bestäuben. Die Butter mit dem übrigen Zucker cremig rühren. Die Eier einzeln unterrühren. Das Mehl mit Backpulver und Salz mischen und mit der Milch unterrühren.

2 Für das Baiser das Eiweiß steif schlagen, dabei den Vanillezucker einrieseln lassen. Die Nüsse mit Zimt untermischen. Den Teig in die Förmchen verteilen. Den Rhabarber daraufgeben und die Baisermasse darauf verteilen. Die Kuchen im heißen Ofen (Mitte) ca. 25 Min. backen, 10 Min. in den Förmchen stehen lassen, herauslösen und abkühlen lassen. Vor dem Servieren mit Puderzucker bestäuben.

Traubenkuchen

250 g kleine kernlose Weintrauben
1 Vanilleschote
3 Eier (M)
1 Prise Salz
150 g weiche Butter
125 g Zucker
250 g Mehl
2 geh. TL Backpulver
1 Prise frisch geriebene Muskatnuss
125 ml trockener Weißwein (oder Traubensaft)
1 TL abgeriebene Bio-Zitronenschale
Außerdem:
12 hitzebeständige Förmchen (à ca. 100 ml Inhalt)
Butter und Mehl für die Förmchen
Puderzucker zum Bestäuben

Für 12 Stück
Zubereitung: 20 Min. | Backen: 30 Min.

1 Den Backofen auf 180° (Umluft 160°) vorheizen. Die Förmchen einfetten und mit Mehl bestäuben. Die Trauben waschen und von den Stielen zupfen. Die Vanilleschote der Länge nach aufschneiden und das Mark mit dem Messerrücken herauskratzen.

2 Die Eier trennen, die Eiweiße mit dem Salz steif schlagen. Die Butter mit dem Zucker und dem Vanillemark schaumig rühren. Die Eigelbe nach und nach unterrühren. Das Mehl mit dem Backpulver und Muskat mischen und mit dem Wein unter den Teig rühren. Den Eischnee mit den Trauben und der Zitronenschale vorsichtig unterheben.

3 Den Teig in die Förmchen verteilen. Die Kuchen im heißen Ofen (Mitte) ca. 30 Min. backen. Die Kuchen 10 Min. in den Förmchen stehen lassen, dann herauslösen und komplett abkühlen lassen. Vor dem Servieren mit Puderzucker bestäuben.

links: Rhabarbertörtchen | rechts: Traubenkuchen

Schichtkuchen mit Nüssen

Eine saftige Füllung aus Haselnüssen, Zimt und Kakao macht diese Hefeteig-Minis zu echten kleinen Kunstwerken auf der Kaffeetafel. Sie eignen sich aber auch super als süßer Snack für unterwegs.

½ Würfel frische Hefe (ca. 20 g)
65 g Zucker
350 ml lauwarme Milch
60 g Butter
275 g Mehl
2 Eigelb (M)
1 Prise Salz

Für die Füllung:
1 Bio-Zitrone
3 Eiweiß (M)
85 g Zucker
200 g gemahlene Haselnusskerne
1 TL Zimtpulver
1 EL Kakaopulver

Zum Bestreichen:
1 Eigelb (M)
2 EL Sahne

Außerdem:
12 hitzebeständige Förmchen (à ca. 100 ml Inhalt)
Butter und Mehl für die Förmchen

Für 12 Stück
Zubereitung: 35 Min.
Ruhen: 1 Std. | Backen: 25 Min.

1 Die Hefe zerkrümeln und mit 1 TL Zucker und 3–4 EL Milch verrühren. Die Butter würfeln und in der übrigen Milch schmelzen lassen.

2 Die Förmchen einfetten und mit Mehl bestäuben. Das Mehl in eine Schüssel füllen. Die angerührte Hefe, die Milch mit der Butter, den restlichen Zucker, die Eigelbe und das Salz dazugeben und alles mit den Knethaken des Handrührgeräts zu einem glatten Teig verarbeiten. Den Teig zugedeckt an einem warmen Ort ca. 1 Std. gehen lassen. Den Backofen auf 200° (Umluft 180°) vorheizen.

3 Inzwischen für die Nussfüllung die Zitrone heiß waschen, abtrocknen und die Schale fein abreiben. Die Eiweiße steif schlagen, dabei den Zucker nach und nach einrieseln lassen. Nüsse, Zimt, Kakao und Zitronenschale unterheben.

4 Den Teig noch einmal durchrühren. Jeweils ca. 1 EL davon in die Förmchen geben. Etwas Nussmasse darauf verteilen und mit einer Gabel die Schichten leicht mischen. Den restlichen Hefeteig darüberlöffeln und glatt streichen.

5 Die Kuchen im heißen Ofen (Mitte) 10 Min. backen, dann das Eigelb mit der Sahne verquirlen und die Kuchen damit einpinseln. Nochmals ca. 15 Min. backen. Die fertig gebackenen Kuchen 10 Min. in der Form stehen lassen, herauslösen und vor dem Servieren komplett abkühlen lassen.

Ricotta-Reis-Kuchen

500 ml Milch
100 g Zucker
75 g Rundkornreis
1 Prise Salz
1 Bio-Zitrone
100 g getrocknete Aprikosen
3 Eier (M)
250 g Ricotta
Außerdem:
12 hitzebeständige Förmchen (à ca. 100 ml Inhalt)
Butter und Mehl für die Förmchen

Für 12 Stück
Zubereitung: 45 Min. | Backen: 25 Min.

1 Die Milch mit 1 EL Zucker, dem Reis und dem Salz erwärmen und den Reis offen bei schwacher Hitze ca. 30 Min. garen, bis er die Milch aufgesogen hat. Währenddessen ab und zu umrühren, damit nichts anbrennt. Abkühlen lassen.

2 Den Backofen auf 200° (Umluft 180°) vorheizen. Die Förmchen einfetten und mit Mehl bestäuben. Die Zitrone heiß waschen und abtrocknen, die Schale fein abreiben. Die Soft-Aprikosen klein würfeln. Die Eier trennen und die Eiweiße mit dem Handrührgerät zu steifem Schnee schlagen.

3 Den Ricotta mit dem restlichen Zucker und den Eigelben cremig rühren, Aprikosen und Milchreis mit der Zitronenschale unterrühren. Den Eischnee mit dem Schneebesen locker unterheben.

4 Die Reismischung in die Förmchen füllen und die Kuchen im heißen Ofen (Mitte) ca. 25 Min. backen. 10 Min. stehen lassen, aus den Förmchen lösen und komplett abkühlen lassen.

Schokoladentörtchen

5 Eier (M)
1 Prise Salz
125 g Zucker
125 g Mehl
25 g Speisestärke
1 EL Kakaopulver
50 g Zartbitterschokolade
100 g Sahne
100 g Puderzucker
50 g weiche Butter
150 g Frischkäse
½ TL Chilipulver (nach Belieben)
1 EL Schokospäne oder -raspel
Außerdem:
12 hitzebeständige Förmchen (à ca. 100 ml Inhalt)
Butter und Mehl für die Förmchen

Für 12 Stück
Zubereitung: 35 Min. | Backen: 20 Min.

1 Den Backofen auf 180° (Umluft 160°) vorheizen. Die Förmchen einfetten und mit Mehl bestäuben. Die Eier trennen. Die Eiweiße mit Salz steif schlagen. Die Eigelbe mit Zucker schaumig rühren. Das Mehl mit Stärke und Kakao mischen und locker unter die Masse ziehen. Den Eischnee unterheben. Teig in die Förmchen geben und im heißen Ofen (Mitte) ca. 20 Min. backen. 10 Min. stehen lassen, herauslösen und komplett abkühlen lassen.

2 Die Schokolade über dem heißen Wasserbad schmelzen. Die Sahne mit 1 EL Puderzucker steif schlagen. Übrigen Puderzucker mit Butter und Frischkäse cremig schlagen. Schokolade und nach Belieben das Chilipulver untermischen, 1 EL geschlagene Sahne unterheben. Die Kuchen einmal quer durchschneiden, mit je ½ EL Creme bestreichen und wieder zusammensetzen. Übrige Buttercreme und Sahne verrühren, die Kuchen damit bestreichen und mit Schokospänen verzieren.

oben: Ricotta-Reis-Kuchen | unten: Schokoladentörtchen

1

2

3

4

SCHWARZWÄLDER GUGL

Schwarzwälder Kirschtorte liebt jeder! Und im Kleinformat sieht der Paradekuchen erst recht zum Anbeißen aus. Da bleibt kein Krümel übrig!

¼ Vanilleschote
100 g Kirschen (frisch oder aus dem Glas)
75 g weiche Butter
50 g Zucker
Salz
1 Ei (M)
100 g Mehl
1 TL Backpulver
15 g Kakaopulver
4 EL Milch

Zum Fertigstellen:
300 g Sahne
1 Päckchen Vanillezucker
1 Päckchen Sahnefestiger
40 g Zartbitterschokoraspel

Außerdem:
6 Mini-Gugl-Förmchen (à ca. 100 ml Inhalt)
Butter und Mehl für die Förmchen

Für 6 Stück
Zubereitung: 30 Min. | Backen: 20 Min.

1 Den Backofen auf 200° (Umluft) vorheizen. Die Förmchen einfetten und mit Mehl ausstäuben. Vanilleschote längs aufschneiden und das Mark mit einem spitzen Messer herauskratzen. Frische Kirschen waschen und entkernen. Kirschen aus dem Glas in einem Sieb abtropfen lassen. 6 Kirschen für die Deko beiseitelegen, den Rest in kleine Stücke schneiden (Bild 1).

2 Die Butter mit Vanillemark, Zucker und 1 Prise Salz schaumig schlagen. Dann das Ei unterrühren.

3 Das Mehl mit Backpulver und Kakao mischen, auf die Eimasse sieben und im Wechsel mit der Milch unterrühren. Den Teig in die Förmchen füllen. Die Küchlein im Ofen (Mitte) 15 – 20 Min. backen. Herausnehmen, etwas abkühlen lassen, dann aus den Förmchen lösen und auf einem Kuchengitter ganz abkühlen lassen. Die abgekühlten Gugl einmal quer durchschneiden (Bild 2).

4 Die Sahne mit Vanillezucker und Sahnefestiger steif schlagen. Die Guglhupfböden mit Sahne bestreichen und die Kirschen daraufstreuen (Bild 3). Die oberen Teile auflegen und leicht andrücken. Die Gugl rundherum mit der restlichen Sahne bestreichen und mit Schokoraspeln bestreuen. Mit je 1 Kirsche dekorieren.

TIPP
Wer mag, kann die Sauerkirschen aus dem Glas auch noch leicht einkochen: Dafür ½ Päckchen Vanillepuddingpulver nach Packungsangabe mit Zucker und Kirschsaft aufkochen. Die Kirschen hineingeben, die Masse abkühlen lassen und wie beschrieben auf den Guglhupfböden verteilen.

BRAUCHEN ETWAS ZEIT

KÜRBIS-NUSS-GUGLHUPF

Diese herbstlichen Küchlein bleiben durch das Kürbisfleisch schön saftig. Der Hefeteig macht etwas Mühe, aber die lohnt sich!

1 kleine Bio-Orange
125 ml Milch
10 g Kürbiskerne
200 g Mehl
¼ Würfel frische Hefe (12 g)
Salz
35 g Zucker
40 g Butter
100 g Muskatkürbisfleisch
50 g gemahlene Walnusskerne

Für die Deko:

100 g weiße Kuvertüre
35 g Kürbiskerne

Außerdem:

6 Mini-Gugl-Förmchen (à ca. 100 ml Inhalt)
Butter und Mehl für die Förmchen
Gefrierbeutel

Für 6 Stück
Zubereitung: 35 Min.
Gehen: 1 Std. 30 Min. | Backen: 20 Min.

1 Die Förmchen einfetten und mit Mehl ausstäuben. Die Orange heiß abwaschen und abtrocknen. Die Schale fein abreiben (es soll ca. 1 TL ergeben). Die Milch erwärmen. Die Kürbiskerne mit einem Messer klein hacken.

2 Das Mehl in eine Schüssel sieben, eine Mulde hineindrücken. Zerbröckelte Hefe und 2 EL Milch in die Mulde geben und mit etwas Mehl vom Rand glatt rühren (Bild 1). Den Vorteig mit einem sauberen Küchentuch abdecken und an einem warmen Ort ca. 20 Min. gehen lassen. Anschließend mit der restlichen Milch, Salz, Zucker, Orangenschale und Butter zu einem glatten Teig kneten. Diesen wieder abgedeckt 50 Min. gehen lassen.

3 Den Kürbis auf der Gemüsereibe fein raspeln. Mit den Walnüssen und Kürbiskernen unter den Teig kneten (Bild 2). Den Teig in sechs Stücke teilen, jedes zu einer Rolle von ca. 15 cm Länge formen und in die Förmchen legen. Den Teig in den Förmchen abgedeckt nochmals 20 Min. gehen lassen (Bild 3). Inzwischen den Backofen auf 200° (Umluft) vorheizen.

4 Die Küchlein im Backofen (Mitte) ca. 20 Min. backen. Herausnehmen, etwas abkühlen lassen, dann aus den Förmchen lösen und auf einem Kuchengitter ganz abkühlen lassen.

5 Für die Deko die Kuvertüre hacken, in einen kleinen Gefrierbeutel füllen, diesen gut verschließen und die Kuvertüre in heißem Wasser schmelzen. Den Beutel gut abtrocknen, eine winzige Spitze abschneiden und die Schokolade in feinen Streifen über die Guglhupfe ziehen. Mit den Kürbiskernen bestreuen.

2

4

WINTER-
WUNDER

GLÜHWEIN-GUGLHUPF

Das Highlight für den Adventskaffee: Mit (glühwein-)würzigen Gugln bringen Sie Ihre Gäste bestimmt in Weihnachtsstimmung.

50 g Butter
1 kleine Bio-Blutorange
¼ Vanilleschote
30 g Zartbitterkuvertüre
50 g Puderzucker
Nelkenpulver
Salz
1 Ei (M)
1 Eigelb (M)
35 ml Glühwein
50 g Mehl
1 TL Backpulver
100 g Aprikosenkonfitüre
Außerdem:
6 Mini-Gugl-Förmchen (à ca. 100 ml Inhalt)
Butter und Mehl für die Förmchen

Für 6 Stück
Zubereitung: 30 Min. | Backen: 20 Min.

1 Den Backofen auf 200° (Umluft) vorheizen. Die Förmchen einfetten und mit Mehl ausstäuben. Die Butter zerlassen. Die Blutorange heiß abwaschen und abtrocknen. Von einer Hälfte die Schale fein abreiben (es soll ca. 1 TL ergeben). Von der anderen Hälfte die Schale mit dem Zestenreißer abziehen, nach Belieben in kochendem Wasser blanchieren und beiseitestellen. Von der Orange rundum die restliche Schale mit dem Weißen abschneiden. Die Filets aus den Segmenten schneiden, klein würfeln und gut abtropfen lassen. Die Vanilleschote längs aufschneiden und das Mark mit einem spitzen Messer herauskratzen.

2 Kuvertüre über dem heißen Wasserbad schmelzen. Die Butter mit Orangenschale, Vanillemark, Puderzucker, Nelke und 1 Prise Salz schaumig schlagen. Ei, Eigelb und Glühwein nach und nach unterrühren. Die Kuvertüre vorsichtig untermischen.

3 Mehl und Backpulver auf die Masse sieben und mit einem Teigspatel unterheben. Die Orangenwürfel untermischen. Den Teig in die Förmchen füllen. Die Küchlein im Backofen (Mitte) 15 – 20 Min. backen. Herausnehmen, etwas abkühlen lassen, dann aus den Förmchen lösen und auf einem Kuchengitter ganz abkühlen lassen.

4 Die Konfitüre aufkochen und die Guglhupfe damit bestreichen. Die Gugl mit den Orangenzesten garnieren und trocknen lassen.

VARIANTE: WEISSWEIN-GUGLHUPF

Den Teig wie beschrieben ohne Gewürznelken zubereiten, dabei statt der Blutorange 1 kleine Bio-Zitrone (Schale und 1 Spritzer Saft) verwenden. Den Glühwein durch lieblichen Weißwein ersetzen und weiße Kuvertüre unterrühren.

VOLL IM TREND

Ob Cake-Pops, Cronuts oder Whoopies: Mit diesen süßen Backkunstwerken liegen Sie garantiert voll im Trend. Was die drei Trendsetter gemeinsam haben? Sie sehen verführerisch aus und schmecken verboten gut. Probieren Sie es aus!

Grundrezept Cake-Pops

Mit diesem Grundrezept können Sie die süßen Kugeln am Stiel ganz einfach zubereiten und nach Belieben dekorieren.

300 g heller oder dunkler Tortenboden (Fertigprodukt)
60 g weiche Butter
70 g Puderzucker
140 g Frischkäse
1 EL Rum oder einige Tropfen Backaroma (nach Belieben)
150 g Zartbitterkuvertüre
Außerdem:
18 Cake-Pop-Stiele oder Holzstäbchen
Zuckerdekor

Für 18 Stück
Zubereitung: 1 Std. | Kühlen: 45 Min.

1 Den Kuchen fein zerkrümeln. Für die Frischkäsecreme Butter, Puderzucker, Frischkäse und Rum mit dem Handrührgerät ca. 3 Min. lang gründlich verrühren. Mit einem Löffel nach und nach so viel Frischkäsecreme unter die Kuchenbrösel rühren, bis die Masse gut formbar ist. Sie darf aber nicht zu feucht sein und beim Formen nicht an den Händen kleben.

2 Von der Masse 18 Portionen abstechen und rund formen. Die Bällchen 30 Min. kühlen. Inzwischen die Kuvertüre hacken und über dem warmen Wasserbad schmelzen. Die Stiele oder Holzstäbchen nacheinander ca. 1 cm tief in die Kuvertüre tauchen und in die Bällchen stecken. Auf einen Teller setzen und nochmals 15 Min. kühlen.

3 Die Kuvertüre bei Bedarf wieder erwärmen. Einen Cake-Pop leicht schräg eintauchen und durch Drehen mit Kuvertüre überziehen. Überschüssige Kuvertüre durch Klopfen am Schüsselrand abschütteln. Dabei den Cake-Pop drehen, damit sich keine Nasen bilden. Nach Belieben mit Zuckerdekor verzieren und trocknen lassen. Mit den übrigen Cake-Pops ebenso verfahren.

FAST EINE PRALINE

Mozart-Pops

Lassen Sie die kleinen, jedoch sehr üppigen Cake-Pops langsam im Mund zergehen! Sie können durchaus mit den berühmten Pralinen mithalten.

100 g gekühlter Nussnugat
100 g Löffelbiskuits
25 g Pistazien
100 g Marzipanrohmasse
1 EL Rosenwasser (ersatzweise Milch)
1 geh. EL Doppelrahmfrischkäse
150 g Zartbitterkuvertüre
10 g Kokosfett
Außerdem:
25 Cake-Pop-Stiele oder Holzstäbchen

Für 25 Stück
Zubereitung: 1 Std. 10 Min. | Kühlen: 1 Std.

1 Den Nugat in 25 Stücke schneiden und mit kalten Händen rasch zu Kugeln formen. Sollte der Nugat zu weich werden, kurz in den Kühlschrank stellen. Die Nugatkugeln 15 Min. kühlen.

2 Inzwischen Löffelbiskuits und Pistazien im Blitzhacker mahlen. Die Krümel mit Marzipan und Rosenwasser verkneten. So viel Frischkäse unterkneten, bis die Masse gut formbar ist. Von der Masse 25 Portionen abstechen. Jede Portion flach drücken, 1 Nugatkugel darauflegen, zusammenklappen und rund formen. Die Bällchen 15 Min. kühlen.

3 Inzwischen die Kuvertüre hacken und mit dem Kokosfett über dem warmen Wasserbad schmelzen. Die Stiele oder Holzstäbchen 1 cm tief in die Kuvertüre tauchen und in die Bällchen stecken. Die Cake-Pops dann nochmals 30 Min. kühlen.

4 Die gekühlten Cake-Pops nacheinander in die flüssige Kuvertüre tauchen, den Überschuss abklopfen und die Mozart-Pops trocknen lassen.

FÜR DEN LIEBLINGS-MENSCHEN

Cake-Pop-Herzen

Das kommt von Herzen! Saftiger Biskuit wird ausgestochen und bekommt mit rotem Guss und Glitzer den letzten Schliff. Schön verpackt, sind diese Cake-Pops nicht nur zum Valentinstag ein süßes Mitbringsel.

50 g Butter
3 Eier (M)
90 g Zucker
90 g Mehl
100 g Aprikosenkonfitüre
1 EL Zitronensaft
Für die Deko:
200 g rote Candy-Melts
20 g Kokosfett
roter Glitzerzucker
Außerdem:
Herz-Ausstechform (4 – 5 cm Ø)
20 Cake-Pop-Stiele oder Holzstäbchen

Für 20 Stück
Zubereitung: 45 Min.
Backen: 20 Min. | Kühlen: 20 Min.

1 Den Backofen auf 180° (Umluft) vorheizen, ein Backblech mit Backpapier belegen. Butter zerlassen. Eier mit Zucker mit dem Handrührgerät schaumig rühren. Das Mehl darübersieben, locker unterheben und die flüssige Butter unterziehen. Den Teig auf dem Blech glatt streichen und im Ofen (Mitte) ca. 20 Min. backen. Herausnehmen, den Biskuit auf die Arbeitsfläche stürzen und 5 Min. abkühlen lassen. Dann das Papier abziehen.

2 Aprikosenkonfitüre erwärmen, durch ein Sieb streichen und mit Zitronensaft verrühren. Den Biskuit damit bestreichen und trocknen lassen. Dann 20 Herzen ausstechen.

3 Für die Deko die Candy-Melts mit Kokosfett in einer Schüssel über einem heißen Wasserbad schmelzen lassen. Die Stiele oder Holzstäbchen 1 cm tief in die Glasur tauchen, in die Spitze der Herzen stecken und diese 15 Min. kühlen.

4 Die Herzen einzeln in die geschmolzenen Candy-Melts tauchen und den Überschuss durch Drehen der Stiele abtropfen lassen. Die Cake-Pops mit Glitzerzucker bestreuen und trocknen lassen. Zum Verschenken die Herzen in kleine Zellophantüten verpacken.

VARIANTE: GEFORMTE HERZEN

Den Biskuit wie beschrieben backen und abkühlen lassen, dann fein zerkrümeln. 150 g Sahne steif schlagen. 150 g Frischkäse mit 75 g Puderzucker, 50 g gemahlenen Mandeln und 1 Päckchen Vanillezucker glatt rühren. Die Schlagsahne unterheben und die Biskuitbrösel gut untermischen. Die Masse zwischen Frischhaltefolie 2 – 3 cm dick ausrollen, Herzen ausstechen und 30 Min. kühlen. Währenddessen 200 g Candy-Melts (rot oder rosa) mit 20 g Kokosfett über dem heißen Wasserbad schmelzen lassen. Cake-Pop-Stiele 1 cm tief in die Glasur tauchen, in die Herzen stecken und diese nochmals 15 Min. kühlen. Die Herzen dann einzeln in die geschmolzenen Candy-Melts tauchen und den Überschuss unter Drehen der Stiele abtropfen lassen. Noch feucht nach Belieben mit Zuckerblümchen, Zuckerstreuseln oder Glitzerzucker verzieren und trocknen lassen.

M
K

Fußball-Pops

Ein Schuss, ein Tor – mit diesen Cake-Pops landen Sie bestimmt viele Treffer. Da greifen große und kleine Spieler gerne zu.

30 g Butter
1 Ei (M)
50 g Zucker
1 Päckchen Vanillezucker
1 Prise Salz
50 g gemahlene Haselnüsse
50 g Mehl
¼ TL Backpulver

Für die Deko:
150 g weiße Kuvertüre
20 g Kokosfett
4 Lakritzschnecken

Außerdem:
flexible Cake-Pop-Backform
16 Cake-Pop-Stiele oder Holzstäbchen

Für 16 Stück
Zubereitung: 1 Std. 20 Min.
Backen: 20 Min. | Kühlen: 20 Min.

1 Den Backofen auf 180° (Umluft) vorheizen. Butter zerlassen. Ei mit Zucker, Vanillezucker und Salz mit dem Handrührgerät schaumig rühren. Haselnüsse mit Mehl und Backpulver mischen und einrühren. Die flüssige Butter gut unterrühren. Den unteren Teil der Backform auf ein Backblech stellen, den Teig mit zwei Teelöffeln in die Mulden füllen und die Form mit dem Deckel verschließen. Den Teig im Ofen (Mitte) ca. 20 Min. backen. Die Form herausnehmen und 5 Min. abkühlen lassen. Dann den Deckel abnehmen und die Cake-Pops aus den Mulden drücken.

2 Für die Deko die Kuvertüre hacken und mit dem Kokosfett in einer Schüssel über dem Wasserbad schmelzen lassen. Die Stiele oder Holzstäbchen 1 cm tief eintauchen, in die Cake-Pops stecken und diese 15 Min. kühlen.

3 Inzwischen Lakritzschnecken in kleine Stücke oder Fünfecke schneiden. Die Cake-Pops einzeln in die geschmolzene Kuvertüre tauchen und den Überschuss durch Drehen der Stiele abtropfen lassen. Sofort die Lakritzstücke eindrücken.

VARIANTE: WEISS-ROTE FUSSBÄLLE

Statt Lakritzschnecken 50 g rote Candy-Melts verwenden. Diese mit 20 g Kokosfett in einer Tasse im heißen Wasserbad schmelzen. Die Cake-Pops wie beschrieben mit geschmolzener Kuvertüre überziehen, mit einem Holzstäbchen rote Candy-Melts-Kleckse daraufsetzen und etwas auseinanderziehen. Trocknen lassen.

Schäfchen-Pops

Da ist gut Schäfchen zählen! Eine ganze Herde der weiß beflockten Wollknäuel schaut hier aus treuen Lakritzaugen. Ein perfektes Mitbringsel für Kinder, aber auch Tierfreunde.

100 g Kokosmilch
75 g Marshmallows
200 g Löffelbiskuits
Für die Deko:
150 g weiße Kuvertüre
50 g Zartbitterkuvertüre
3 EL Kokosraspel
6 – 8 große Marshmallows
6 – 8 Stück rundes Mini-Lakritzkonfekt
Außerdem:
16 Keks-Sticks mit Schokolade

Für 16 Stück
Zubereitung: 50 Min. | Kühlen: 30 Min.

1 Die Kokosmilch in einem Topf erwärmen und die Marshmallows unter Rühren darin schmelzen lassen. Den Mix etwas abkühlen lassen. Die Löffelbiskuits in einen Gefrierbeutel geben, verschließen und mit dem Nudelholz fein zerkrümeln. Die Biskuitbrösel zum Marshmallowmix geben und alles zu einer glatten Masse verrühren. Aus der Masse mit angefeuchteten Händen 16 Kugeln formen und 30 Min. kühlen.

2 Für die Deko weiße und Zartbitterkuvertüre getrennt über dem heißen Wasserbad schmelzen lassen. Kokosraspel in eine Schale geben. Die Kugeln mit der weißen Kuvertüre überziehen und sofort in den Kokosraspeln wenden. Für Gesicht und Augen Marshmallows mit einer angefeuchteten Schere und Lakritzkonfekt mit einem Messer in dünne Scheiben schneiden. Die Marshmallowscheiben in die geschmolzene Zartbitterkuvertüre tauchen und trocknen lassen.

3 Die Schoko-Marshmallow-Scheiben mit etwas weißer Kuvertüre an den Cake-Pops befestigen und mit einem Holzstäbchen Nasenlöcher einstechen. Die Augen ebenfalls mit etwas Kuvertüre befestigen. Für die Beine die Keks-Sticks vierteln. Je vier Beine in die vorbereiteten Schäfchen stecken, dazu mit einem Schaschlikspieß kleine Löcher vorbohren.

TIPP

Wer mag, kann aus Marshmallows auch noch Ohren zuschneiden, mit geschmolzener Zartbitterkuvertüre glasieren, trocknen lassen und mit Glasur befestigen.

Glücksschweinchen

Happy New Year! Die rosa Kuchen-Schweinchen mit Schokoaugen sind perfekt für das Buffet bei der nächsten Silvester-Party.

60 g weiche Butter
50 g Joghurt
1 Ei (M)
60 g Zucker
80 g Mehl
1 TL Backpulver
1 geh. EL Kakaopulver
1 EL Rum (ersatzweise Milch)
1 EL Milch
100 g Frischkäse
200 g Himbeer-Kuchenglasur (Fertigprodukt)
18 kleine Schokoplätzchen
36 Zuckeraugen
rote Zuckerherzen und -konfetti
rote Fruchtgummischnüre
Außerdem:
Springform (20 cm Ø)
18 Cake-Pop-Stiele oder Holzstäbchen

Für 18 Stück
Zubereitung: 1 Std. 15 Min.
Backen: 20 Min. | Kühlen: 1 Std. 15 Min.

1 Den Backofen auf 180° (Umluft 160°) vorheizen. Die Form mit Backpapier auslegen. Butter, Joghurt, Ei, Zucker, Mehl, Backpulver und Kakao mit dem Handrührgerät in 1 Min. zu einem weichen Teig verrühren. In der Form verstreichen und im Ofen (Mitte) 20 Min. backen. Den Kuchen herausnehmen und ca. 30 Min. auskühlen lassen.

2 Den Kuchen fein zerkrümeln. Rum, Milch und so viel Frischkäse unterrühren, bis die Masse gut formbar ist. Von der Masse 18 Portionen abstechen, zu Kugeln formen und 30 Min. kühlen.

3 Inzwischen die Glasur nach Packungsangabe erwärmen. Die Stiele oder Holzstäbchen 1 cm tief eintauchen und sofort in die Cake-Pops stecken. Jeweils 1 Schokoplätzchen mit einem Klecks Glasur als Schnauze ankleben. Nochmals 15 Min. kühlen.

4 Einen Cake-Pop in die flüssige Glasur tauchen und den Überschuss abklopfen. Den Cake-Pop sofort mit Zuckeraugen, Zuckerherzen (Ohren) und Zuckerkonfetti (Nasenlöcher) dekorieren. Trocknen lassen. Mit den restlichen Pops ebenso verfahren. Die fertigen Cake-Pops mit Schleifen aus Fruchtgummischnüren verzieren.

Grundrezept Cronuts

Das Basis-Rezept für alle Cronut-Fans (Croissant + Donut = Cronut). Zum Pur-Essen, zum Füllen und/oder zum Garnieren.

3 Päckchen Croissantteig (à 250 g, Fertigprodukt aus dem Kühlregal, z. B. Knack & Back)
¾ l Öl zum Frittieren (Sonnenblumen- oder Rapsöl)
Außerdem:
Mehl zum Arbeiten
Metallausstecher mit rundem Rand (8 und 2 cm Ø)
Fritteuse, Topf mit hohem Rand oder Wok

Für 6 Stück
Zubereitung: 30 Min. | Ruhen: 1 Std.

1 Die Arbeitsfläche leicht bemehlen. Den Croissantteig auf der Arbeitsfläche entrollen und die Teigstreifen aufeinanderlegen. Dabei eventuell am Teig anhaftendes Mehl mit einem Backpinsel entfernen. Den Teig mit dem Nudelholz zu einem Rechteck (60 × 25 cm) ausrollen.

2 Jetzt erst das rechte, dann das linke Teigdrittel in die Mitte klappen, sodass ein Teigstapel (20 × 25 cm) entsteht. Die Drittel dabei mit etwas Wasser bepinseln und die Teigschichten fest zusammendrücken. Den Teigstapel 1 Std. im Kühlschrank ruhen lassen.

3 Aus dem Teigstapel mit dem großen Ausstecher 6 Kreise ausstechen. Dann mit dem kleinen Ausstecher bei jedem Kreis ein kleines Loch aus der Mitte stechen.

4 Das Öl in Fritteuse, Topf oder Wok auf 180° erhitzen (mit Küchenthermometer prüfen). Auf mittlere Hitze zurückschalten und 3 Teigkreise ins heiße Öl legen. Diese 2 – 3 Min. frittieren, bis sie goldbraun sind und an die Oberfläche steigen. Wenden und von der zweiten Seite 2 – 3 Min. ausbacken.

5 Die fertigen Cronuts mit einem Schaumlöffel aus dem Öl heben, kurz abtropfen lassen und auf Küchenpapier entfetten. Die übrigen Cronuts ebenso ausbacken.

VERY BERRY

Cream Cheese Cronuts mit Himbeeren

Sie brauchen keine rosarote Brille, um alles rosarot zu sehen: Diese knusprigen Cronuts sorgen mit einer fruchtigen Frischkäsefüllung für Farbe im Leben.

125 g Himbeeren
40 g Puderzucker
200 g Frischkäse
1 TL Himbeersirup
6 Cronuts (siehe S. 92)

Außerdem:
Spritzbeutel mit Krapfentülle

Für 6 Stück
Zubereitung 25 Min.

1 Die Himbeeren bei Bedarf behutsam waschen und trocken tupfen. 5 Beeren mit dem Puderzucker fein pürieren, durch ein Sieb streichen und so die Kernchen entfernen.

2 Den Frischkäse mit einem Schneebesen cremig rühren. Das Himbeerpüree und den Himbeersirup einrühren. Die Creme in den Spritzbeutel füllen. Die Tülle viermal von unten in jeden Cronut stechen und jeweils etwas Himbeercreme hineinspritzen.

3 Die restliche Himbeercreme in kleinen Tupfen auf die Oberseite der Cronuts spritzen. Die restlichen Himbeeren in dünne Scheiben schneiden und die Cronuts damit verzieren.

TIPP

Wer mag, bestreut die Cronuts zuletzt noch mit etwas grob zerstoßenem rosa Pfeffer. Das sieht hübsch aus und gibt ihnen ein raffiniertes Aroma.

Mile High Blueberry Cronuts

Ein echter Hochstapler, dem aber keiner etwas nachtragen wird. Im Gegenteil: Diese Kombination von Cronut, Pudding und Heidelbeeren ist bei Fans von süßem Gebäck garantiert gern gesehen.

125 ml Milch
75 g Sahne
½ Päckchen Vanillepuddingpulver (zum Kochen)
25 g Zucker
150 g Heidelbeeren
6 Cronuts (siehe S. 92)
80 g lilafarbene Muffinglasur (Fertigprodukt)
Außerdem:
Spritzbeutel mit großer Lochtülle

Für 6 Stück
Zubereitung: 30 Min. | Abkühlen: 30 Min.

1 Für die Füllung Milch und Sahne in einem Topf mischen. Puddingpulver mit Zucker und 3 EL der Milchmischung glatt rühren. Die restliche Milch aufkochen, das Puddingpulver einrühren und 1 – 2 Min. kochen lassen. Den Pudding vom Herd nehmen, ein Stück Frischhaltefolie direkt auf die Oberfläche legen und ca. 30 Min. abkühlen lassen.

2 Die Heidelbeeren bei Bedarf behutsam waschen und trocken tupfen. Den Pudding glatt rühren und in den Spritzbeutel füllen. Die Cronuts waagerecht durchschneiden und auf jeden Boden einen Ring Vanillepudding spritzen. 100 g Heidelbeeren kreisförmig darauflegen. Den restlichen Pudding in Punkten auf die Unterseite der Deckel spritzen, diese wieder auf die Cronuts legen und leicht andrücken.

3 Für die Deko die Muffinglasur nach Packungsangabe im Beutel durchkneten. Die Oberseite der Cronuts damit verzieren und mit den restlichen Heidelbeeren belegen.

FRÜHLINGS-HIT

Ice Cream and Strawberry Cronuts

Erdbeereiscreme neu gestylt: Zwischen Knuspergebäck geschichtet und mit frischen Erdbeeren verziert, ergibt dies das perfekte Frühlingsdessert.

6 Cronuts (siehe S. 92)
110 g Zucker
500 ml Strawberry Cheese Cake Ice Cream (z. B. von Häagen Dazs, ersatzweise Erdbeereis oder Eis mit Käsekuchengeschmack)
250 g Erdbeeren
6 Minzeblättchen

Für 6 Stück
Zubereitung: 10 Min.

1 Die frisch gebackenen Cronuts nach dem Entfetten noch heiß in 100 g Zucker wälzen. Dann vollständig abkühlen lassen.

2 Das Eis in Stücke schneiden. Die Stücke in die Mittellöcher der Cronuts füllen und das Eis oben glatt streichen.

3 Für die Deko die Erdbeeren behutsam waschen, trocken tupfen und entkelchen. 6 schöne Früchte für die Deko beiseitelegen. Die restlichen Beeren mit 10 g Zucker fein pürieren. Das Püree über die Cronuts träufeln und diese mit je 1 Erdbeere und 1 Minzeblättchen dekorieren. Restliches Eis dazu servieren.

EINKAUFSTIPP

Bei Erdbeeren gilt: Je punktgenauer man sie erntet, desto besser schmecken sie, denn die Früchtchen reifen nicht nach. Für volles Aroma also am besten in der Zeit zwischen Juni bis August regional angebaute Erdbeeren kaufen oder selbst auf dem Erdbeerfeld pflücken.

Peanut Dream Cronuts

Erdnussbutter-Fans aufgepasst: Diese Gebäckstücke mit Erdnussfüllung sind nicht nur ein Augenschmaus, sondern auch ein echtes Geschmackserlebnis.

125 ml Milch
75 g Sahne
½ Päckchen Vanillepuddingpulver (zum Kochen)
25 g Zucker
100 g cremige Erdnussbutter
1 cl Whisky
6 Cronuts (siehe S. 92)
1 Erdnussriegel (à 40 g, z. B. Mr. Tom)
Außerdem:
Spritzbeutel mit großer Lochtülle

Für 6 Stück
Zubereitung: 30 Min. | Abkühlen: 30 Min.

1 Für die Füllung Milch und Sahne in einem Topf mischen. Puddingpulver mit Zucker und 3 EL der Milchmischung glatt rühren. Die restliche Milch aufkochen, das Puddingpulver einrühren und 1 – 2 Min. kochen lassen. Den Pudding vom Herd nehmen, ein Stück Frischhaltefolie direkt auf die Oberfläche legen und ca. 30 Min. abkühlen lassen.

2 Die Erdnussbutter mit dem Handrührgerät 2 Min. aufschlagen. Den Whisky einrühren. Den Pudding glatt rühren und in kleinen Portionen unter die Erdnussbutter rühren.

3 Die Erdnusscreme in den Spritzbeutel füllen. Die Cronuts waagerecht durchschneiden und auf jeden Boden einen Ring Erdnusscreme spritzen. Dann die Deckel wieder auflegen.

4 Für die Deko die restliche Erdnusscreme in Punkten auf die Oberseite der Cronuts spritzen. Den Erdnussriegel grob hacken und darüberstreuen.

CRONUT

FÜR SCHOKO-HOLICS

Chocolate and Cookie Cronuts

Ein Traum für Schokoliebhaber: Die Cronuts sind nicht nur mit einer luftigen Schokocreme gefüllt, sondern auch noch mit einer leckeren Kombi aus Keks und Schokoglasur verziert.

200 g Zartbitterschokolade
75 g Sahne
6 Cronuts (siehe S. 92)
2 Schoko-Cookies (Fertigprodukt)
1 TL Sonnenblumenöl

Außerdem:
Spritzbeutel mit Krapfentülle

Für 6 Stück
Zubereitung: 30 Min.

1 Die Schokolade fein hacken und 100 g in eine Schüssel geben. Die Sahne aufkochen, darübergießen und die Schokolade unter Rühren schmelzen lassen. Dann kurz abkühlen lassen, bis die Schokolade wieder etwas fester wird.

2 Die Schokosahne in den Spritzbeutel füllen. Die Tülle viermal von unten in jeden Cronut stechen und jeweils etwas Schokosahne hineinspritzen.

3 Für die Deko die Cookies fein hacken. Die restliche Schokolade mit dem Öl in einer Schüssel über einem heißen Wasserbad schmelzen lassen. Die Cronuts mit der Oberseite in die flüssige Schokolade tauchen und mit den Cookiestückchen bestreuen.

TIPP
Sie lieben Schokolade? Dann verwenden Sie für diese Cronuts doch einmal statt Zartbitterschokolade Vollmilch- oder weiße Schokolade und nehmen Sie als Deko z. B. weiße Schoko-Cookies.

MUNTER-MACHER

Walnut and Coffee Cronuts

Wer kennt es nicht, das Nachmittagstief? Hier können die süßen Gebäckstücke mit einer Extraportion Koffein sicher Abhilfe schaffen.

50 g Walnusskerne
200 g weiße Schokolade
120 g Sahne
6 Cronuts (siehe S. 92)
75 g Zartbitterschokolade
50 ml Milch
1 EL Instant-Espresso
10 g Espressobohnen
Außerdem:
Spritzbeutel mit großer Lochtülle

Für 6 Stück
Zubereitung: 30 Min.

1 Für die Füllung 20 g Walnusskerne sehr fein mahlen. Die weiße Schokolade fein hacken und in eine Schüssel geben. 70 g Sahne aufkochen, über die Schokolade gießen und rühren, bis sie geschmolzen ist. Die gemahlenen Nüsse einrühren und kurz abkühlen lassen, bis die Schokolade wieder etwas fester wird.

2 Die Schokosahne in den Spritzbeutel füllen. Die Cronuts waagerecht durchschneiden und auf jeden Boden einen Ring Schokosahne spritzen. Dann die Deckel wieder auflegen.

3 Für die Deko die Zartbitterschokolade fein hacken und in eine Schüssel geben. Restliche Sahne und Milch erhitzen, über die Schokolade gießen und diese unter Rühren schmelzen lassen. Das Espressopulver einrühren und die Sauce abkühlen lassen. Restliche Walnusskerne und Espressobohnen grob hacken. Die Cronuts mit der Schokosauce übergießen und mit den Walnuss- und Bohnenstückchen bestreuen. Restliche Sauce dazu servieren.

Walnut

WANDELBAR

Grundrezept Whoopies

Kleine Verwandlungskünstler: Dieses Grundrezept ist der erste Schritt auf dem Weg zu den köstlichen Keksen. Fehlt nur noch die passende Füllung.

100 g weiche Butter
100 g Puderzucker
1 Ei (M)
100 g Buttermilch
200 g Mehl
1 ½ TL Backpulver
Außerdem:
Spritzbeutel ohne Tülle oder Einwegspritzbeutel

Für 30 Hälften
Zubereitung: 45 Min.
Backen: 30 Min. | Abkühlen: 20 Min.

1 Den Backofen auf 160° (Umluft nicht empfehlenswert) vorheizen, zwei Bleche mit Backpapier belegen. Butter und Puderzucker mit dem Handrührgerät ca. 3 Min. cremig rühren. Ei und Buttermilch nacheinander vollständig einrühren. Mehl und Backpulver mischen und zügig unterheben.

2 Den Teig portionsweise in den Spritzbeutel füllen (vom Einwegspritzbeutel vorher eine maximal 2 cm breite Spitze abschneiden). Auf jedes Blech jeweils 15 runde Teigportionen (3 – 4 cm Ø und 2 cm hoch) mit 3 – 4 cm Abstand auf die Bleche spritzen. Die Spitzen der Häufchen mit einem angefeuchteten Löffel leicht flach drücken.

3 Die Teigportionen nacheinander im Ofen (Mitte) je ca. 15 Min. hellgelb backen. Herausnehmen, mit dem Papier vom Blech ziehen und auf einem Kuchengitter ca. 20 Min. vollständig abkühlen lassen. Dann vom Papier lösen.

VARIANTE: SCHOKO-WHOOPIES

Butter und Zucker cremig rühren. Ei und Buttermilch einrühren. 160 g Mehl, 30 g Kakaopulver und 1 ½ TL Backpulver mischen und zügig unterheben. Wie links beschrieben fortfahren.

BEERIG FRISCH

Mohn-Heidelbeer-Whoopies

Tolle Begleiter für den Nachmittagstee oder -kaffee: Die knusprigen kleinen Kekse sind mit einer luftigen Beerencreme gefüllt.

125 g TK-Heidelbeeren
2 EL Puderzucker
150 g Mascarpone
100 g Marzipan
100 g weiche Butter
75 g Zucker
1 Ei (M)
80 ml Milch
200 g Mehl
1 ½ TL Backpulver
4 EL gemahlener Mohn
4 EL Heidelbeerkonfitüre
Außerdem:
Spritzbeutel
große Lochtülle

Für 15 Stück
Zubereitung: 1 Std.
Backen: 26 Min. | Abkühlen: 10 Min.

1 Für die Füllung die Heidelbeeren mit Puderzucker und 2 EL Wasser unter Rühren bei mittlerer Hitze aufkochen und ca. 4 Min. köcheln lassen. Die Beeren ca. 10 Min. abkühlen lassen, dann mit dem Mascarpone pürieren und abgedeckt kühl stellen. Den Backofen auf 175° (Umluft nicht empfehlenswert) vorheizen, zwei Backbleche mit Backpapier belegen.

2 Für den Teig Marzipan reiben und mit Butter und Zucker ca. 5 Min. cremig rühren. Ei und Milch vollständig einrühren. Mehl, Backpulver und Mohn mischen und zügig unterheben. Mit dem Spritzbeutel ohne Tülle ca. 30 Teigportionen mit 3–4 cm Abstand auf die Bleche spritzen. Im Ofen (Mitte) jeweils ca. 13 Min. backen. Herausnehmen.

3 Inzwischen die Konfitüre leicht erwärmen. 15 noch heiße Whoopiehälften auf der Oberseite mit Konfitüre bestreichen, dann alle Hälften vollständig abkühlen lassen. Die Heidelbeercreme mit dem Spritzbeutel mit Lochtülle auf die Unterseite der unbestrichenen Whoopiehälften spritzen und die Whoopies zusammensetzen.

TIPP
Wenn es mal schnell gehen muss, für die Füllung 200 g Mascarpone mit 4 EL Heidelbeerkonfitüre gründlich verrühren und mit etwas Zucker süßen.

MIT KARAMELL-FÜLLUNG

Bananabread-Whoopies

Bananabread (Bananenbrot) ist von amerikanischen Kuchentellern nicht mehr wegzudenken. Diese Mini-Bananenbrote, gefüllt mit Karamell, dürfen auch gerne bei uns Stammgast werden.

100 g Karamell-Brotaufstrich (Fertigprodukt)
200 g Mascarpone
50 g Pekannusskerne
1 Ei (M)
100 g (Roh-)Rohrzucker
80 ml Öl
50 g Buttermilch
1 kleine Banane (ca. 100 g)
200 g Mehl
2 TL Backpulver
¾ TL gemahlener Kardamom
15 Pekannusshälften (nach Belieben)
Außerdem:
Spritzbeutel
große Lochtülle

Für 15 Stück
Zubereitung: 45 Min. | Backen: 26 Min.

1 Für die Füllung Karamellaufstrich und Mascarpone cremig rühren, dann abgedeckt kühl stellen. Den Backofen auf 175° (Umluft nicht empfehlenswert) vorheizen, zwei Backbleche mit Backpapier belegen.

2 Für den Teig die Pekannüsse sehr fein hacken. Das Ei leicht verquirlen. Zucker, Öl und Buttermilch gut untermischen. Die Banane schälen, mit einer Gabel fein zerdrücken und in die Eimasse rühren. Mehl, Backpulver, Kardamom und gehackte Nüsse mischen und zügig unterheben. Mit dem Spritzbeutel ohne Tülle ca. 30 Teigportionen mit 3–4 cm Abstand auf die Bleche spritzen. Im Ofen (Mitte) jeweils ca. 13 Min. backen, danach vollständig abkühlen lassen.

3 Die Füllung mit dem Spritzbeutel mit Lochtülle auf die Unterseite von 15 Whoopiehälften spritzen. Mit den restlichen Hälften zusammensetzen. Für die Deko nach Belieben je 1 Klecks der übrigen Karamellcreme auf die Whoopies setzen und je 1 Nusshälfte auflegen.

TIPP
Die Whoopies am besten frisch genießen, denn nach 1 Tag im Kühlschrank wird der ohnehin schon saftige Teig zu feucht.

Frankfurter-Kranz-Whoopies

Whoopies können nicht nur geschmacklich richtig beeindrucken: Die Frankfurter-Kranz-Whoopies sind auch optisch kleine Kunstwerke.

225 g weiche Butter
100 g Puderzucker
1 Ei (M)
100 g Buttermilch
200 g Mehl
1 ½ TL Backpulver
½ Päckchen Vanillepuddingpulver (zum Kochen)
¼ l Milch
20 g Zucker
20 g Erdbeerkonfitüre
30 g Haselnusskrokant
15 Belegkirschen (Fertigprodukt)
Außerdem:
Spritzbeutel
große Lochtülle

Für 15 Stück
Zubereitung: 50 Min. | Backen: 30 Min.

1 Den Backofen auf 160° (Umluft nicht empfehlenswert) vorheizen, zwei Backbleche mit Backpapier belegen. Für den Teig 100 g Butter und Puderzucker cremig rühren. Nacheinander Ei und Buttermilch vollständig einrühren. Mehl und Backpulver mischen und zügig unterheben. Den Teig mit dem Spritzbeutel ohne Tülle in ca. 30 Portionen mit 3 – 4 cm Abstand auf die Bleche spritzen. Im Backofen (Mitte) jeweils ca. 15 Min. backen, danach vollständig abkühlen lassen.

2 Für die Füllung aus Puddingpulver, Milch und Zucker nach Packungsanweisung einen Pudding kochen. Den Pudding unter gelegentlichem Rühren lauwarm abkühlen lassen, dann mit 125 g Butter ca. 5 Min. cremig rühren.

3 Die Unterseite der Whoopiehälften mit Konfitüre bestreichen. Auf 15 Hälften mit dem Spritzbeutel mit Lochtülle jeweils etwas Buttercreme spritzen und mit den restlichen Whoopiehälften zusammensetzen. Die Deckel dünn mit Buttercreme bestreichen und mit Krokant bestreuen. Je 1 Buttercremetupfen daraufspritzen und 1 Kirsche daraufsetzen. Bis zum Servieren kühlen.

Christmas-Whoopies

In der Weihnachtsbäckerei ... gibt es ab sofort neue kleine Stars: diese Christmas-Whoopies. Warum kann nicht immer Weihnachten sein?

100 g weiche Butter
100 g Puderzucker
1 Ei (M)
100 g Buttermilch
160 g Mehl
30 g Kakaopulver
1 ½ TL Backpulver
1 TL Lebkuchengewürz
abgeriebene Schale von 1 Bio-Orange
1 Päckchen Vanillezucker
200 g Sahne
1 Päckchen Sahnefestiger
1 TL Zimtpulver
Puderzucker zum Bestäuben
Außerdem:
Spritzbeutel
große Lochtülle

Für 15 Stück
Zubereitung: 45 Min. | Backen: 30 Min.

1 Den Backofen auf 160° (Umluft nicht empfehlenswert) vorheizen, zwei Backbleche mit Backpapier belegen. Für den Teig Butter und Puderzucker cremig rühren. Nacheinander Ei und Buttermilch vollständig einrühren. Mehl, Kakao, Backpulver und Lebkuchengewürz mischen und zügig unterheben.

2 Mit dem Spritzbeutel ohne Tülle ca. 30 Teigportionen mit 3 – 4 cm Abstand auf die Bleche spritzen. Im Backofen (Mitte) jeweils ca. 15 Min. backen, danach vollständig abkühlen lassen.

3 Für die Füllung die Orangenschale mit dem Vanillezucker im Mörser fein zerstoßen. Die Sahne mit Sahnefestiger, Zimt und dem Orangen-Vanillezucker steif schlagen. Die Schlagsahne mit dem Spritzbeutel mit Lochtülle auf die Unterseite von 15 Whoopiehälften spritzen. Mit den restlichen Whoopiehälften zusammensetzen.

4 Für die Deko aus Pappe eine Sternschablone schneiden. Die Schablone auf die Whoopiedeckel legen und die Konturen mit Puderzucker bestäuben, dann Schablone vorsichtig abheben.

SÜSSE KAFFEEPAUSE

Ob Kaffeeklatsch zu Hause oder kleine Kaffeepause unterwegs: Gönnen Sie sich mal wieder eine süße Auszeit ... und genießen Sie die folgenden Cookies, Kekse und anderen leckeren Gebäckstücke.

EINFACH UNWIDERSTEHLICH

Krapfen (Berliner Pfannkuchen)

Nicht nur etwas für Fasching: Das leckere Hefegebäck mit süßer Marmeladenfüllung schmeckt zu jeder Jahreszeit und am besten frisch.

500 g Mehl
1 Würfel frische Hefe (42 g)
200 ml lauwarme Milch
75 g Zucker
3 EL Rapsöl
2 Eier (M)
1 TL abgeriebene Bio-Zitronenschale

Außerdem:
Mehl zum Arbeiten
Metallausstecher mit rundem Rand (8 cm Ø)
150 g Hagebuttenmus
Fritteuse oder Topf mit hohem Rand
1 kg Butterschmalz zum Frittieren
Puderzucker zum Bestäuben

Für 16 Stück
Zubereitung: 40 Min. | Gehen: 55 Min.

1 Das Mehl in eine Schüssel sieben und in die Mitte eine Mulde drücken. Hefe hineinbröckeln und mit etwas lauwarmem Wasser verrühren, etwas Mehl vom Rand darüberstäuben. Den Vorteig zugedeckt 15 Min. an einem warmen Ort gehen lassen. Milch, Zucker, Öl, Eier und Zitronenschale verrühren, zu dem Vorteig geben und zu einem glatten, geschmeidigen Teig verarbeiten und zugedeckt 30 Min. gehen lassen.

2 Den Teig nochmals auf etwas Mehl durchkneten, ca. 2 cm dick ausrollen, 32 Scheiben ausstechen. Je 1 Klecks Hagebuttenmus auf 16 Scheiben setzen, die Ränder mit Wasser bepinseln und je 1 Scheibe Teig daraufgeben, gut andrücken. Die Krapfen mit einem Tuch bedeckt 10 Min. gehen lassen.

3 Butterschmalz in einem großen, breiten Topf oder einer Fritteuse erhitzen. Die Krapfen darin portionsweise von jeder Seite 4–5 Min. goldbraun frittieren. Auf Küchenpapier abtropfen lassen und vor dem Servieren mit Puderzucker bestäuben.

KINDER-
LIEBLINGE

Puddingschnecken

Diese Schnecken mit cremiger Füllung sind perfekt für Kindergeburtstage. Sie brauchen zwar etwas Zeit, lassen sich aber gut vorbereiten.

1 Rezept Hefeteig (siehe S. 118)
1 Bio-Zitrone
½ l Milch
2 Päckchen Vanillepuddingpulver (ohne Kochen, für je 250 ml Milch)
50 g (Roh-)Rohrzucker
100 g Rosinen
50 g Butter
Außerdem:
Mehl für die Arbeitsfläche
Puderzucker zum Bestäuben

Für 12 Stück
Zubereitung: 40 Min.
Gehen: 45 Min. | Kühlen: 25 Min. | Backen: 20 Min.

1 Den Hefeteig zubereiten, wie auf S. 118 beschrieben, und gehen lassen. Die Zitrone heiß waschen, trocken reiben, 1 TL Schale abreiben, den Saft auspressen. Die Milch in einen Rührbecher geben, das Puddingpulver dazugeben und mit dem Mixer cremig schlagen. Zitronensaft und -schale unterrühren.

2 Den Hefeteig auf bemehlter Arbeitsfläche durchkneten und auf 50 × 30 cm ausrollen. Die Puddingcreme darauf verteilen. 30 g Rohrzucker und die Rosinen darüberstreuen und von einer Schmalseite her aufrollen. Dann die Rolle quer einmal durchschneiden und 25 Min. kühl stellen.

3 Ein Blech mit Backpapier belegen. Den Backofen auf 180° (Umluft 160°) vorheizen. Die Rollen jeweils in sechs Stücke schneiden, auf das Blech legen und ca. 20 Min. (Mitte) backen. Butter mit restlichem Zucker schmelzen, die noch heißen Schnecken damit bestreichen. Mit Puderzucker bestäuben.

FÜR ERDNUSS-FANS

Erdnusskekse

Ob Sommer oder Winter, zur Kaffeepause oder als kleine Nascherei für zwischendurch: Diese Kekse passen einfach immer.

175 g weiche Butter
75 g Erdnussbutter
125 g (Roh-)Rohrzucker
1 Ei (M)
175 g geröstete, ungesalzene Erdnüsse (geschält)
375 g Mehl
1 Päckchen Vanillezucker
75 g Schokotropfen

Für 40 Stück
Zubereitung: 25 Min.
Kühlen: 1 Std. | Backen: 20 Min.

1 Butter und Erdnussbutter cremig rühren. Zucker und Ei zufügen und kurz mitschlagen. Erdnüsse hacken, 50 g beiseitelegen. Die übrigen Nüsse mit dem Mehl, Vanillezucker und Schokotropfen unter die Buttermasse kneten.

2 Den Teig zu drei Rollen von 5 cm Durchmesser formen. In Folie wickeln und 1 Std. im Kühlschrank ruhen lassen.

3 Den Backofen auf 150° (Umluft 130°) vorheizen. Von den Teigrollen gut 1 cm dicke Scheiben abschneiden und auf mit Backpapier belegte Bleche legen. Kekse mit den übrigen gehackten Erdnüssen bestreuen und diese etwas andrücken. Im Ofen (Mitte) 20 Min. backen und auf einem Kuchengitter abkühlen lassen.

TIPP

Erdnussbutter lässt sich auch ganz leicht selbst herstellen. Einfach Erdnüsse, Salz, Öl und evtl. Zucker fein pürieren. Erdnussbutter bewahrt man am besten gut verschlossen im Kühlschrank auf. So gelagert hält sie sich mindestens zwei, oft auch mehrere Wochen.

BRAUCHT ETWAS ZEIT

Orangen-Marzipan-Brezeln

Süß und fruchtig: Diese Brezeln vereinen in sich, was Schleckermäuler lieben. Sie lassen sich gut vorbereiten und schmecken auch am nächsten Tag noch toll.

8 Scheiben TK-Blätterteig (ca. 600 g)
150 g Marzipanrohmasse
75 g Puderzucker
abgeriebene Schale von 1 Bio-Orange
2 EL Orangensaft
1 Ei (M)
120 g Mandelblättchen
1 Eigelb (M)
5 EL Milch
Außerdem:
Mehl für die Arbeitsfläche

Für 15 Stück
Zubereitung: 1 Std. 10 Min.
Kühlen: 10 Min. | Backen: 20 Min.

1 Die Blätterteigplatten nebeneinander auftauen lassen. Für die Füllung Marzipan grob würfeln, mit Puderzucker, Orangenschale und -saft und dem Ei glatt pürieren. Je 4 Teigplatten aufeinanderlegen und auf der bemehlten Arbeitsfläche zu einem Rechteck von 30 × 25 cm ausrollen. Marzipanmasse auf eine Platte streichen. Zweite Platte darauflegen, leicht andrücken. Zugedeckt 10 Min. kühl stellen.

2 Die Teigplatte von der Längsseite her in 15 Streifen von ca. 1,5 cm Breite schneiden. Jeden Streifen auf 40 cm Länge ausziehen. Von beiden Enden her zu einer Spirale verdrehen und zu einer Brezel schlingen. Die Enden leicht andrücken.

3 Den Backofen auf 200° (Umluft 180°) vorheizen. Die Mandeln zerbröseln. Eigelb und Milch verquirlen, Brezeln bestreichen und in den Bröseln wälzen. Auf mit Backpapier belegte Bleche setzen. Im Ofen (2. Schiene von unten) 20 Min. backen.

Cantuccini

Die knusprigen italienischen Mandelkekse sind echte Klassiker, die zu Kaffee, Wein oder auch als Mitbringsel begeistern.

180 g Mandeln
250 g Mehl
1 TL Backpulver
180 g Zucker
2 Päckchen Vanillezucker
1 Prise Salz
30 g Butter
2 Eier (M)
Außerdem:
Mehl für die Arbeitsfläche

Für 60 Stück
Zubereitung: 45 Min.
Trocknen: 1 Std. | Kühlen: 1 Std. | Backen: 25 Min.

1 Die Mandeln überbrühen, abgießen, abschrecken und häuten. Auf einem Tuch 1 Std. trocknen lassen.

2 Mehl und Backpulver mischen, auf die Arbeitsfläche häufen, in die Mitte eine Mulde drücken. Zucker, Vanillezucker und Salz hinzufügen, Butter, Eier und Mandeln in die Mulde geben und rasch verkneten. Den Teig in sechs gleich große Stücke teilen, aus jedem Stück eine 25 cm lange Rolle formen. In Folie wickeln und 1 Std. kalt stellen.

3 Den Backofen auf 200° (Umluft 180°) vorheizen. Ein Blech mit Backpapier belegen, Teigrollen im Abstand von ca. 8 cm darauflegen. Im heißen Ofen (2. Schiene von unten) 15 Min. backen. Abkühlen lassen. Schräg in 1 cm dicke Scheiben schneiden. Diese mit der Schnittfläche nach oben auf das Blech legen. 8 – 10 Min. goldbraun backen. Abkühlen lassen.

TIPP
Die sehr haltbaren Kekse lassen sich auch gut statt der Mandeln mit Haselnüssen oder Pistazien zubereiten, aber auch Trockenfrüchte wie Feigen oder Kirschen bringen noch mehr Aroma und Farbe ins Spiel.

HIT BEI KIDS

Mini-Amerikaner

Woher der Name »Amerikaner« stammt, darüber ist man sich nicht ganz einig. Aber dass die Gebäckstücke mit Guss ein Muss bei jeder Kindergeburtstagsparty sind, das weiß man schon lange.

Für den Rührteig:
100 g weiche Butter
100 g Zucker
2 Eier (M)
1 Päckchen Vanillepuddingpulver (ohne Kochen)
250 g Mehl
3 TL Backpulver
6 EL Milch
Für den Guss:
200 g Puderzucker
3 EL lauwarme Milch
1 TL Kakaopulver

Für 20 Stück
Zubereitung: 20 Min. | Backen: 30 Min.

1 Den Backofen auf 180° (Umluft 160°) vorheizen. Zwei Bleche mit Backpapier belegen. Butter mit Zucker cremig rühren. Eier und Puddingpulver unterrühren. Das Mehl mit Backpulver mischen. Abwechselnd mit 4 EL Milch unter den Teig rühren.

2 Mit zwei Teelöffeln kleine Häufchen mit ca. 5 cm Abstand auf 2 mit Backpapier belegte Backbleche setzen. Die Amerikaner nacheinander 10 Min. (Mitte) backen. Mit der restlichen Milch bestreichen und 5 Min. fertig backen.

3 Die Amerikaner auf einem Kuchengitter auskühlen lassen. Den Puderzucker mit Milch zu einem glatten Guss verrühren. Die Hälfte des Gusses mit 1 TL Kakaopulver verrühren. Die flache Seite der Amerikaner je zur Hälfte mit hellem und dunklem Guss bestreichen und gut trocknen lassen.

SCHOKO-TRAUM

CHOCOLATE COOKIES

Außen knusprig, innen weich und saftig: Diese dunklen Knabberstars schmecken besser als in jedem Coffeeshop. Wetten?

150 g Butter
150 g Zartbitterschokolade
100 g (Roh-)Rohrzucker (z. B. Muscovado)
50 g weißer Zucker
1 Ei (L)
1 Eigelb (L)
225 g Mehl
½ TL Natron
ca. ½ TL feines Meersalz
mittelgrobes Meersalz (z. B. Fleur de Sel)

Für 20 Stück
Zubereitung: 30 Min.
Kühlen: 30 Min. | Backen: 14 Min.

1 Die Butter in einem Topf bei mittlerer Hitze schmelzen und langsam bräunen lassen, dabei mehrmals mit einem Gummispatel den Topfboden abstreichen. Dann vom Herd nehmen, in ein anderes Gefäß füllen und mind. 30 Min. abkühlen lassen. Die Schokolade grob hacken.

2 Den Backofen auf 175 ° (Umluft) vorheizen, zwei Backbleche mit Backpapier auslegen. Beide Zuckersorten, Ei und Eigelb in eine große Schüssel geben und mit den Quirlen des Handrührgeräts cremig schlagen. Die braune Butter unterrühren. Mehl und Natron auf die Masse sieben, das feine Meersalz dazugeben und den Teig rühren, bis er eine gleichmäßige Konsistenz hat. Zuletzt die gehackte Schokolade unterrühren.

3 Mit einem Esslöffel walnussgroße Häufchen vom Teig nehmen, zu Kugeln formen, mit großzügigem Abstand zueinander auf die Bleche setzen und leicht flach drücken. Wenig mittelgrobes Salz darüberstreuen und die Plätzchen im Ofen (Mitte) nacheinander jeweils 12 – 14 Min. goldbraun backen.

4 Die Cookies aus dem Ofen nehmen (wenn sie sich bei sanftem Fingerdruck mittig noch weich anfühlen) und auf dem Blech kurz abkühlen lassen. Anschließend auf einem Kuchengitter vollständig auskühlen lassen.

HERRLICH MÜRBE

Kokos-Cookies

100 g Mehl
½ TL Backpulver
100 g Kokosraspel
100 g weiche Butter
100 g Zucker
1 Prise Salz
1 zimmerwarmes Ei (M)
Außerdem:
Puderzucker zum Bestäuben (nach Belieben)

Für 20 Stück
Zubereitung: 10 Min. | Backen: 30 Min.

1 Den Backofen auf 180° (Umluft 160°) vorheizen. Zwei Backbleche mit Backpapier auslegen. Das Mehl mit Backpulver und Kokosraspeln vermischen.

2 Die Butter mit Zucker und Salz mit den Quirlen des Handrührgeräts kräftig verrühren. Das Ei dazugeben und alles cremig schlagen.

3 Dann die Mehlmischung auf einmal dazugeben und rasch unter die cremige Masse arbeiten. Nach und nach mit zwei Teelöffeln etwas Teig abnehmen und mit ausreichend Abstand als walnussgroße Häufchen auf die Backbleche setzen.

4 Die Backbleche nacheinander in den Backofen (Mitte) schieben und die Plätzchen 13–15 Min. goldbraun backen. Die Cookies auf einem Kuchengitter auskühlen lassen. Eventuell mit Puderzucker bestäuben.

MIT KNUSPER-EFFEKT

Crispy Cookies

150 g Mehl
½ TL Backpulver
1 TL Kakaopulver
4 EL Schokoladenraspel
100 g weiche Butter
80 g Zucker
1 Prise Salz
1 zimmerwarmes Ei (M)
20 g Vollkorn-Haferfleks (Supermarkt)
50 g Haselnusskrokant

Für 20 Stück
Zubereitung: 10 Min. | Backen: 26 Min.

1 Den Backofen auf 180° (Umluft 160°) vorheizen. Zwei Bleche mit Backpapier auslegen. Mehl mit Back- und Kakaopulver sowie Schokoraspeln vermischen.

2 Butter, Zucker und Salz mit dem Handrührgerät verrühren. Ei dazugeben und alles cremig schlagen, dann die Mehlmischung rasch unterarbeiten. Den Teig als Häufchen auf die Bleche setzen und etwas flach streichen. Fleks und Krokant daraufstreuen und eindrücken. Die Plätzchen im Ofen (Mitte) ca. 13 Min. goldbraun backen. Auf einem Kuchengitter auskühlen lassen.

Bunte Mini-Baisers

Ein zuckersüßer Hauch von nichts, der auch noch kinderleicht herzustellen ist. Perfekt als Mitbringsel oder als kleine Nascherei für die Kaffeerunde.

Für die Baisermasse:
2 Eiweiß (L)
1 Prise feines Meersalz
125 g feinster Zucker (kein Puderzucker)
1 TL Zitronensaft
Für das Aroma:
1 – 2 EL Kakaopulver, lösliches Kaffeepulver, Matchapulver oder fein gemörserte, gefriergetrocknete Beeren
oder:
1 – 2 TL Zimtpulver, gemahlenes Kardamom oder fein gemörserte schwarze Teeblätter
oder:
Mark von 1 Vanilleschote
Für die Farbe:
ein paar Tropfen Lebensmittelfarbe (nach Belieben)
Außerdem:
Spritzbeutel mit Stern- oder Lochtülle

Für 80 Stück
Zubereitung: 30 Min.
Backen: 2 Std.

1 Eiweiße und Salz in eine große Schüssel geben und mit den Quirlen des Handrührgerätes bei hoher Geschwindigkeit schaumig schlagen (noch besser: die Küchenmaschine nehmen). Wenn die Eiweiße beginnen, fest zu werden, den Zucker langsam einrieseln lassen, dann Zitronensaft dazugeben. So lange weiterschlagen, bis sich steife Spitzen bilden und die Baisermasse einen schönen Glanz hat (das dauert mind. 5 Min.).

2 Für aromatisierte oder bunte Baisers nun nach Belieben Kakao, Kaffee, Matcha, Beeren, Zimt, Kardamom, schwarzen Tee, Vanillemark oder Lebensmittelfarbe mit einem Teigschaber vorsichtig unter die Baisermasse ziehen.

3 Den Backofen auf 100° (Umluft) vorheizen, zwei Backbleche mit Backpapier auslegen. Die Baisermasse in einen Spritzbeutel mit Stern- oder Lochtülle füllen und mit ein wenig Abstand kleine, mundgerechte Tupfen (oder andere Formen) auf die Bleche spritzen.

4 Beide Backbleche in den Ofen schieben – eines im oberen Drittel und eines im unteren. Je nach Größe der Baisers 1 – 2 Std. backen. Dann Ofen ausschalten und die Baisers vollständig in dem Ofen durchtrocknen und auskühlen lassen. Sie sind fertig, wenn sie sich ganz leicht vom Backpapier lösen lassen und beim Draufklopfen hohl klingen. Die Baisers unbedingt bis zum Verschenken in luftdicht verschlossenen Behältern aufbewahren.

Just For You

EIN HAUCH VON NICHTS

Schoko-Baiser-Taler

Sie schmecken wunderbar süß und ganz frisch einfach am besten. Für das Backen und Trocknen sollten Sie aber etwas Zeit einplanen.

Für die Baisertaler:
120 g Eiweiß (ca. 4 Eier, M)
100 g Zucker
125 g Puderzucker
Kakaonibs oder gehackte Mandeln (nach Belieben)
Für die Ganache:
150 g Zartbitterkuvertüre
120 g Sahne
Außerdem:
runde Schablone (4 cm Ø, ca. 2 mm dick; aus Silikon oder z. B. aus dem Deckel einer Eisdose geschnitten)

Für 40 Stück
Zubereitung: 30 Min.
Backen: 2 Std. | Kühlen: 6 Std.

1 Eiweiße in einer Schüssel leicht schlagen, Zucker nach und nach dazugeben und weiterschlagen, bis er sich aufgelöst hat und ein steifer Eischnee entstanden ist. Den Puderzucker darübersieben und unterheben.

2 Den Backofen auf 80° (Umluft) vorheizen. Zwei Backbleche mit Backpapier belegen und die Schablone darauflegen.

3 Eine Portion Eischnee in die Schablone geben und glatt streichen. Schablone abheben, daneben auflegen und wieder Eischnee hineingeben. Auf diese Weise 80 Taler auf die Bleche setzen. Nach Belieben mit Kakaonibs oder gehackten Mandeln bestreuen. Die Baisertaler im heißen Ofen ca. 2 Std. trocknen lassen, dann in einer Blechdose aufheben, bis die Ganache fertig ist.

4 Für die Ganache die Kuvertüre hacken. Sahne aufkochen, vom Herd nehmen. Kuvertüre hineingeben und unter Rühren schmelzen, bis eine homogene, glänzende Masse entstanden ist. Mit Folie abdecken und ca. 6 Std. kühl stellen.

5 Die Ganache aufschlagen und je 2 Baisertaler mit einem Klecks Ganache füllen. Die Baisertaler frisch genießen.

LUFTIGER GENUSS

Eclairs mit Granatapfelcreme

Der feine Klassiker mit der fruchtigen Creme gehört auf jede Kaffeetafel in Frankreich. Der besondere Clou sind hier die Granatapfelkerne, die ein toller Gegensatz zur Süße des Gebäcks sind.

100 g Dinkelmehl
½ TL Backpulver
3 EL Rapsöl
2 EL Butter
½ TL Salz
2 Eier (M)

Für die Glasur:
2 EL Kaffee (frisch gebrüht oder aus Instant-Kaffee angerührt)
4 EL Puderzucker

Für die Füllung:
1 Granatapfel
2 EL Granatapfelsirup (ersatzweise Apfeldicksaft)
1 TL Speisestärke
150 g Sahne
150 g Ricotta

Außerdem:
Spritzbeutel mit großer Sterntülle

Für 16 Stück
Zubereitung: 40 Min. | Backen: 20 Min.

1 Den Backofen auf 200° (Umluft 180°) vorheizen. Ein Backblech mit Backpapier auslegen. Für den Teig Mehl mit Backpulver vermischen. 200 ml Wasser mit Öl, Butter und Salz in einem Topf aufkochen. Mehl auf einmal dazugeben und mit den Quirlen des Handrührgeräts unterrühren, bis sich ein Kloß bildet und am Topfboden ein weißer Film entsteht. Eier nacheinander unterrühren, es muss sich immer wieder ein Kloß bilden.

2 Den Teig in den Spritzbeutel füllen und mit ausreichend Abstand 16 Teigstreifen (ca. 8 cm lang) auf das Blech spritzen. Im Ofen (Mitte) ca. 20 Min. backen. Herausnehmen und die Eclairs noch heiß mit einer Küchenschere oder einem scharfen Messer waagrecht aufschneiden und auf einem Kuchengitter ausdampfen und auskühlen lassen. Den Spritzbeutel säubern und trocknen lassen.

3 Für die Glasur den Kaffee mit dem Puderzucker in einer kleinen Schüssel verrühren, die Oberseiten der Eclairs damit bestreichen.

4 Für die Füllung den Granatapfel halbieren, 1 EL Granatapfelkerne abnehmen und von den weißen Häutchen befreien. Dann den Saft aus den Hälften mit einer Zitruspresse herauspressen. Saft durch ein Sieb gießen, mit Sirup und Speisestärke in einen Topf geben und unter Rühren aufkochen, bis der Saft leicht gebunden ist. Abkühlen lassen.

5 Die Sahne steif schlagen. Zuerst den Ricotta löffelweise unterrühren, dann locker den abgekühlten Granatapfelsaft unterziehen. Die Creme in den Spritzbeutel füllen und auf die unteren Eclairhälften spritzen, die Granatapfelkerne darüberstreuen, glasierten Deckel auflegen. Eclairs bis zum Servieren kühl stellen (möglichst nicht länger als 1 Std., da sie sonst weich werden).

SCHÖN FRUCHTIG

Himbeer-Macarons

Für die Baisermasse:
50 g Mandeln
75 g Puderzucker
1 Msp. Backpulver
1 Eiweiß (L)
1 Prise Salz
20 g Zucker
Für die Himbeercreme:
100 g weiche Butter
50 g Himbeeren
50 ml Himbeersirup
Außerdem:
Schoko- oder Zuckerguss für die Deko (nach Belieben)
Spritzbeutel mit Lochtülle

Für 13 Stück
Zubereitung: 40 Min.
Ruhen: 30 Min. | Backen: 15 Min. | Kühlen: 2 Std.

1 Ein Backblech mit Backpapier belegen. Für die Baisermasse die Mandeln schälen und im Blitzhacker fein mahlen. Mit dem Puderzucker noch mal mahlen, Backpulver untermischen. Das Eiweiß mit Salz schaumig schlagen. Den Zucker einrieseln lassen und das Eiweiß sehr steif schlagen. Dann die Mandelmischung mit einem Löffel unterheben.

2 Baisermasse in einen Spritzbeutel mit Lochtülle füllen. Aufs Blech 26 Kreise mit ca. 4 cm Ø spritzen. 30 Min. an einem warmen Ort ruhen lassen. Backofen auf 150° (Umluft 130°) vorheizen und die Macarons darin (Mitte) 12 – 15 Min. backen. Auf dem Blech abkühlen lassen.

3 Für die Himbeercreme die Butter cremig rühren. Die Himbeeren mit dem Sirup pürieren und löffelweise unter die Butter rühren. Die Macarons mit der Creme zusammensetzen und 2 Std. kühl stellen. Für die Deko auf die Oberflächen nach Belieben dünne Schoko- oder Zuckerguss-Streifen spritzen.

GELINGT LEICHT

Kokos-Schoko-Macarons

35 g Mandeln | 100 g Puderzucker | 30 g Kokosraspel | 1 Eiweiß (L) | 30 g feinster Zucker | 10 Schoko-Chips | 75 g Sahne | 50 g Zartbitterschokolade | Spritzbeutel mit Lochtülle

Für 10 Stück
Zubereitung: 30 Min. | Ruhen: 30 Min. | Backen: 10 Min.

1 Für die Füllung Sahne erwärmen. Schokolade hacken und in der Sahne schmelzen. Kalt stellen.

2 Ein Backblech mit Backpapier belegen. Die Baisermasse wie auf S. 140 beschrieben zubereiten, zusätzlich Kokosraspel zur Mandelmischung geben. 20 Kreise mit dem Spritzbeutel auf das Blech spritzen und ruhen lassen. Auf 10 Macarons je 1 Schoko-Chip setzen und im vorgeheizten Ofen (Umluft 130°) 9 – 10 Min. backen.

3 Schokosahne steif schlagen. Die Macarons damit so zusammensetzen, dass die Schoko-Chip-Baisers oben sind. Kalt stellen.

Eis-Macarons

50 g Mandeln | 75 g Puderzucker | 1 Msp. Backpulver | 1 Eiweiß (L) | 1 Prise Salz | 20 g Zucker | flüssige Lebensmittelfarbe (nach Belieben) | 120 g Eiscreme | Spritzbeutel mit Lochtülle

Für 13 Stück
Zubereitung: 20 Min. | Ruhen: 30 Min. | Backen: 15 Min.

1 Ein Backblech mit Backpapier belegen. Die Baisermasse wie auf S. 140 beschrieben zubereiten (dabei evtl. färben), mit dem Spritzbeutel aufs Blech spritzen und ruhen lassen. Backofen auf 150° (Umluft 130°) vorheizen und die Macarons darin 12 – 15 Min. backen. Ganz auskühlen lassen.

2 Das Eis in kleinen Kugeln auf 13 Schalen setzen, dann die anderen Schalen daraufsetzen. Die Macarons sofort servieren.

Register

IMPRESSUM

König & Berg ist ein Imprint der GRÄFE UND UNZER VERLAG GmbH

AUTOREN:
Susanne Bodensteiner, Petra Casparek, Verena Erhart, Anne Kampf, Christina Kempe, Martin Kintrup, Martina Kittler, Cornelia Klaeger, Ira König, Christina Richon, Christiane Schäfer, Cornelia Schinharl, Andrea Schirmaier-Huber, Christa Schmedes, Adelheid Schmidt-Thomé, Sarah Schocke, Sandra Schumann, Sigrid Soeffker, Kerstin Spehr, Nicole Stich, Anne-Katrin Weber

BILDNACHWEIS:
Anke Schütz: S. 48, 93, 94, 97, 98, 101, 102, 105; Coco Lang: S. 62, 63, 116, 130, 135; EISING STUDIO: S. 85, 86, 89, 132, 133; Fotos mit Geschmack: S. 7, 10, 13, 16, 19, 24, 27, 28, 31, 119, 120, 122, 125, 126, 129, 136; Jörn Rynio: S. 4, 9, 21, 22, 78, 81, 82, 90, 106, 109, 110, 113, 114, 140, 141; Mathias Neubauer: S. 52, 53; Michael Wissing: S. 57; Mona Binner: S. 15, 23, 46, 47, 58, 139; Monika Schuerle: S. 72, 75, 77; Wolfgang Schardt: S. 32, 35, 36, 38, 41, 42, 45, 50, 54, 61, 64, 67, 68, 71
Umschlag: Anke Schütz (hinten oben links, hinten oben rechts), Coco Lang (vorne unten links), Fotos mit Geschmack (hinten oben Mitte), Jörn Rynio (hinten unten rechts), Maria Grossmann, Monika Schuerle (Klappe hinten, vorne unten rechts), Mona Binner, (hinten unten links), Wolfgang Schardt (vorne oben links, vorne oben Mitte, vorne oben rechts)

GESAMTPRODUKTION DER DEUTSCHEN AUSGABE:
bookwise GmbH, München

UMSCHLAG UND INNENLAYOUT:
Zero Werbeagentur, München

REPRODUKTION:
Lanarepro, Lana

DRUCK UND BINDUNG:
Polygraf Print, Prešov

ISBN: 978-3-8338-5535-1
1. Auflage 2016